中国集成电路检测和测试产业技术创新路线图

集成电路测试仪器与装备产业技术创新联盟　编

电子工业出版社.

Publishing House of Electronics Industry

北京·BEIJING

内 容 简 介

本书就集成电路检测与测试需求、技术和产品进行了阐述和说明，以促进中国集成电路产业更快更好地发展。全书共 6 章，系统分析了国内测试产业实现产业技术链创新发展和追赶国际相关产业的主要方向，包括集成电路工艺控制检测、自动化测试和电力电子测试技术与产品，另外介绍了测试服务的创新发展和主要趋势，以及军用与民用集成电路测试差异性与技术发展，最后对封装测试的市场格局进行总结。

本书可供各级政府部门、企事业单位作为参考资料使用，供集成电路相关领域的管理者、科技工作者阅读和参考，也可供高等院校相关专业研究生和高年级本科生参考。

图书在版编目（CIP）数据

中国集成电路检测和测试产业技术创新路线图/集成电路测试仪器与装备产业技术创新联盟编. —北京：电子工业出版社，2019.3

ISBN 978-7-121-36058-9

Ⅰ. ①中… Ⅱ. ①集… Ⅲ. ①集成电路产业－技术革新－研究－中国 Ⅳ. ①F426.63

中国版本图书馆 CIP 数据核字（2019）第 035348 号

策划编辑：徐蔷薇
责任编辑：徐蔷薇　　文字编辑：王　群
印　　刷：北京天宇星印刷厂
装　　订：北京天宇星印刷厂
出版发行：电子工业出版社
　　　　　北京市海淀区万寿路 173 信箱　邮编：100036
开　　本：720×1000　1/16　印张：10.75　字数：188 千字
版　　次：2019 年 3 月第 1 版
印　　次：2022 年 4 月第 2 次印刷
定　　价：69.00 元

凡所购买电子工业出版社图书有缺损问题，请向购买书店调换。若书店售缺，请与本社发行部联系，联系及邮购电话：（010）88254888，88258888。

质量投诉请发邮件至 zlts@phei.com.cn，盗版侵权举报请发邮件至 dbqq@phei.com.cn。

本书咨询联系方式：xuqw@phei.com.cn。

编 委 会

前　言

　　集成电路是信息时代的核心基石，其发展水平已经成为衡量一个国家现代化水平和综合实力的重要因素。当前，随着云计算、大数据、物联网、人工智能、5G通信、智能制造等新兴技术和领域的出现，市场驱动要素发生重大变化，集成电路产业迎来了新一轮发展高峰。

　　受益于国家对集成电路产业的大力支持，以及全球集成电路产业向中国加快转移的趋势，中国的集成电路发展迎来了历史性的机遇。国家科技重大专项的确立及《国家集成电路产业发展推进纲要》的实施，极大地带动了中国集成电路产业的技术创新、产业投资与竞争能力的提升，逐步形成良性发展的产业格局。

　　检测与测试是集成电路设计与制造过程中不可或缺的关键环节，其贯穿芯片制造全过程，包括设计过程中的可靠性分析与验证、制造过程中的工艺品质检测、封装过程中的产品功能与性能测试等。集成电路检测与测试的技术与设备为新材料、新结构和新工艺的研发提供了重要支撑，在提高集成电路行业整体制造水平方面具有重要意义。然而，在中国的集成电路产业链中，检测与测试属于薄弱环节，市场仍由海外制造商绝对主导，全行业发展处于摸索阶段。伴随着后摩尔时代的来临，集成电路整体解决方案日趋复杂，失效故障测试模型不断演化，集成电路检测与测试的重要性日益凸显。

　　"十九大"明确提出"加快建设制造强国，加快发展先进制造业，推动互联网、大数据、人工智能和实体经济深度融合"，习近平总书记近期多次强调大国重器必须掌握在自己手中。在此背景下，在国家科技部重大专项司的支持下，在集成电路产业技术创新联盟的指导下，集成电路测试仪器与装备产业技术创新联盟牵头，联络发动我国集成电路检测与测试核心力量，自2017 年 7 月开始，经过多方努力，组织撰写形成了本书。本书借鉴国际集成电路测试技术的新趋势，面向中国集成电路检测与测试产业链的发展和创新需求，以国内集成电路检测与测试产业发展为主要对象，提出了中国集成电路检测与测试产业链技术创新发展路线，主要内容为集成电路检测与测试需求、技术和产品，力求务实并具有针对性，希望引起读者，特别是集成电路从业人员和学者的重视和思考，对我国集成电路产业健康、良性发展有所推动和裨益。

叶甜春

2019 年 3 月

目　　录

第一章

集成电路工艺品质控制检测技术与产品

一、集成电路产业中的工艺品质控制概况

集成电路制造流程中的工艺品质控制（Process Control）是指在集成电路生产线中，通过设置于制备工艺步骤之后的各类检测步骤获取检测结果，分析检测结果的数值规律，监测生产线工艺品质状态和变化趋势，反馈调整生产线工艺参数，保证整体高生产良品率的控制机制。由于集成电路量产制造的工艺复杂、生产成本高且吞吐量大，及时发现并调整工艺品质问题是保障芯片制造厂效益的核心机制。常见的关键集成电路制备工艺包括光刻（Lithography）、刻蚀（Etch）、化学机械抛光（Chemical-Mechanical Planarization，CMP）、薄膜沉积（Film Deposition）、光罩（Mask）制造、出入厂检测等，这些工艺必须设立在线检测环节。

（一）集成电路产业链与工艺品质控制检测布局

工艺品质控制检测具体可分为物性量测（Metrology）和缺陷检测（Defect

Inspection）两大类。

（1）物性量测：指对被测对象的结构尺寸和材料特性做出的量化描述。例如，关键尺寸（Critical Dimension，CD）、刻蚀深度、侧壁坡度、薄膜厚度、材料 N&K 常数、表面粗糙度等物性参数的量测，也指针对单一被测目标进行的绝对量化测量。

（2）缺陷检测：指相对于一个正常的参考样本，检测出待测样本中出现的异质情况。通常以一片晶圆中的若干芯片为对象建立参考样本；再对整片晶圆中所有的待测芯片进行扫描，与参考样本进行比对分析，才能完成一片晶圆的缺陷检测。缺陷主要包括颗粒污染、表面划伤、开短路等特征结构损伤。

除了从三个工艺段角度区分，在材料和设备供应商的工作流程中也包括相关的检测环节，以便对材料和设备类产品的品质进行评测，主要包括硅晶圆的检测、光刻光罩的检测和设备工艺开发中的检测。鉴于其检测技术和设备与面向"前道制程"的相关领域重合度极高，此部分不做特殊阐述。

工艺品质控制在各工艺段的整体情况如图 1-1 所示，该图只标注了其中重要的品质控制检测点。

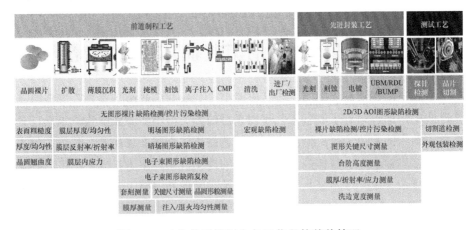

图 1-1　工艺品质控制在各工艺段的整体情况

（二）工艺品质控制检测技术和设备发展趋势

集成电路品质控制检测的基本要求是满足非接触、无损伤、无污染、高速的需求，同时对在线产品产生几乎可忽略的影响。在主要的工艺品质控制检测技术中，只有光学原理或者低能电子束原理能做到与被测样品的无接触检测。

集成电路工艺品质控制检测技术与设备通常包括以下四个关键领域：检测的物理过程建模、仿真及图像和参数提取算法，高精度、高速度、高平整度精密运动晶圆承载平台，多维调控模式的高空间分辨率、高信噪比的照明和精密集光光学系统，高宽度数据传输和高性能人工智能学习和分析系统。

随着集成电路节点进入更高的摩尔定律阶段及更丰富的后摩尔领域，集成电路的四个核心发展趋势对工艺品质控制检测提出了新的要求。随着集成电路器件物理尺度的缩小，需要检测的缺陷尺度和测量的物理尺度也在不断缩小。在核心关键指标检测领域，集成电路测量与检测的整体发展目标和技术方案如表 1-1 所示。

表 1-1　集成电路测量与检测的整体发展目标和技术方案

	2020 年	2025 年	2030 年
前道图形化检测（图形缺陷检测、CD 测量）	（1）缺陷灵敏度达 5nm；（2）采用单电子束成像技术、深紫外光学图像技术和深紫外光学尺度量测技术	（1）缺陷灵敏度达 3nm；（2）采用单/多电子束成像技术和真空紫外光学尺度量测技术；（3）将 Actinic 光学技术应用于极紫外光刻光罩检测	（1）缺陷灵敏度达 1nm；（2）采用多电子束成像技术和 X 射线光学尺度量测技术；（3）将 Actinic 光学技术应用于光罩检测
前道无图形化检测（颗粒检测、膜厚检测）	（1）缺陷灵敏度达 5nm，采用深紫外光学技术；（2）膜厚分辨率为 0.1Å，采用深紫外光学技术	（1）缺陷灵敏度达 3nm，采用真空紫外光学技术；（2）膜厚分辨率为 0.05Å，采用深紫外光学技术	（1）缺陷灵敏度达 1nm，采用真空紫外光学技术；（2）膜厚分辨率为 0.02Å，采用紫外光学技术/X 射线反射技术
前道光刻套刻	采用深紫外光学技术	采用真空紫外光学技术	采用真空紫外光学技术
中道检测	目标：1μm 线对和三维结构检测，可见光/紫外光学技术	目标：0.5μm 线对和三维结构检测，紫外光学技术	目标：0.2μm 线对和三维结构检测，深紫外光学技术
后道检测	可见光及 X 射线检测技术	紫外光及 X 射线检测技术	紫外光及 X 射线检测技术

具体体现在以下三个方面。

（1）随着集成电路器件逐渐向三维结构发展，对于缺陷检测和尺度测量的要求也从二维平面检测逐渐拓展到三维空间检测。

（2）高速度、高灵敏度、高准确度、高重复性、高性价比是对检测的长期要求；集成电路制造商对于检测的重要考量因素是成本控制，而对于检测设备，其成本主要体现为设备购置成本。

（3）大数据和人工智能分析手段的深入应用。基于深度学习的方法，可对当前尚存的部分人工缺陷检测过程进行大数据挖掘和机器学习分析及智能化分拣，从而逐渐完全替代人工检测。

（三）工艺品质控制检测设备市场整体情况

根据信息网（The Information Network）研究报告，通常检测设备市场占集成电路制造设备市场的比例为 13% 左右。据 Gartner 介绍，2016 年晶圆检测市场达 15.2 亿美元；2016 年光学检测设备市场达 12.8 亿美元，电子束检测设备市场达到 2.358 亿美元。2016 年晶圆级检测设备的市场比例如图 1-2 所示。

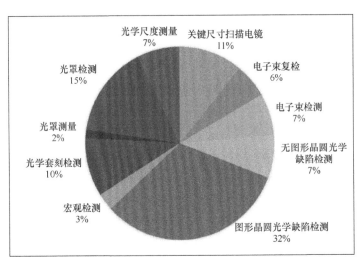

图 1-2　2016 年晶圆级检测设备的市场比例

二、硅制程（前道）中的关键工艺品质控制检测技术与设备

芯片前道制程指芯片制造中实现纳米尺度栅极关键器件的制造工艺，具体包括浅槽隔离工艺、注入工艺、栅制程工艺、源漏掺杂工艺及互连工艺等。

工艺节点通常以栅极尺度定义，如 7nm、10nm、14nm、16nm、22nm、28nm、32nm、40nm、45nm、55nm、65nm、90nm 等。

在芯片前道制程中，影响良品率的主要因素包括缺陷、错误、工艺漂移和设计方案等。影响因素涵盖诸如离子注入、刻蚀、沉积、平坦化、光刻、清洗、扩散等主要工艺流程。例如，空气中的分子污染或由环境（或工具）引起的有机物或无机物颗粒；工艺过程引起的缺陷，如划痕、裂纹和颗粒、覆盖层缺陷和应力；产生不同掺杂分布或层厚度的工艺变化；在从掩模到晶片的图形转移过程中，由于设计偏差导致的布局和关键尺寸的偏差和变化；原子通过层和半导体散装材料的扩散。图 1-3 给出了芯片前道制程中的主要缺陷。

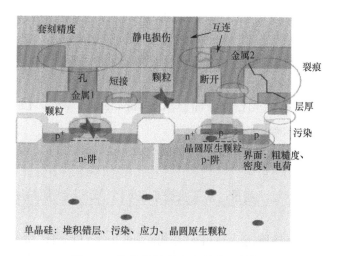

图 1-3 芯片前道制程中的主要缺陷

资料来源：ITRS 2015。

前道工艺品质控制检测设备需要具有超高的灵敏性、结果重复性、设备间匹配性和运行可靠性，能够及时捕获影响产品性能的轻微工艺变化和外来污染。前道制程中的工艺品质控制检测按照使用对象和方式，可以分为四类。以下对四类关键检测技术和设备进行具体介绍。

（1）图形化表面检测：针对具有图形的晶圆表面或者光罩表面的检测，包括：

- 图形晶圆光学明场缺陷检测（Patterned Wafer Optical Bright Field Defect Inspection，简称 BFI）。

- 图形晶圆暗场缺陷检测（Patterned Wafer Laser Scanning Dark Field Defect Inspection，简称 DFI）。
- 图形晶圆电子束缺陷检测（Patterned Wafer E-Beam Defect Inspection，简称 EBI）。
- 图形晶圆光学关键尺寸测量（Patterned Wafer Optical Critical Dimension Metrology，简称 OCD），其中包括通用光学散射测量和穆勒矩阵光学散射测量。
- 图形晶圆电子束关键尺寸测量（Scanning Electron Microscopy Critical Dimension Metrology，简称 CD-SEM）。
- 光罩光学缺陷检测（Mask Optical Defect Inspection，MODI）。
- 光罩电子束缺陷检测（Mask E-Beam Defect Inspection，MEDI）。
- 光罩空间成像检测（Mask Aerial Imaging Metrology，AIMS）。

（2）无图形表面检测：针对无图形的晶圆表面、薄膜晶圆表面或者光罩表面的检测，包括：

- 无图形晶圆激光扫描表面检测（Unpatterned Wafer Laser Scanning Surface Inspection）。
- 光谱椭偏薄膜厚度和折射率测量（Spectroscopic Ellipsometry Thin Film Metrology）。

（3）光刻套刻对准测量：对需要叠加的两个图形，实现精密的空间平面对准的检测。

- 光学衍射套刻测量（Optical Diffraction Based Overlay Metrology）。

（4）其他分析及检测：

- 缺陷复检扫描电镜（E-Beam Defect Review and Analysis Technology，简称 DR-SEM）。

芯片前道制程的主要检测设备供应商如下。

国际供应商：KLA-Tencor、Applied Material、Nanometrics、HermesMicrovision、ASML、Hitachi HighTech、Nova Measuring Instruments、Lasertec、Carl Zeiss、ASML、Rudolph Technology。

国内供应商：深圳中科飞测科技有限公司（以下简称中科飞测）、睿励科学仪器（上海）有限公司（以下简称上海睿励）、中科晶源微电子技术（北京）有限公司（以下简称中科晶源）、上海微电子装备有限公司（以下简称上海微电子）等。

（一）图形化表面检测技术与设备

1. 图形晶圆光学明场缺陷检测技术和设备

图形晶圆光学明场缺陷检测（BFI）主要对集成电路图形晶圆上的纳米尺度缺陷进行检测和识别，并向集成电路生产厂商报告图形硅片上的产品缺陷问题。其主要应用工艺包括鳍式场效应晶体管逻辑器（FinFET Logic Devices）、动态随机存取存储器（Dynamic Random Access Memory，DRAM）、3D 闪存（NAND）、双重和四重图形曝光（Double and Quadruple Patterning）等。

BFI 技术以高分辨率光学成像方法为主要信号获取手段，基本原理为：对晶圆表面重复区域进行快速成像扫描，通过将每个芯片（Die）的图像信号与参考 Die 的图像信号比较，获得缺陷的尺度、分布和分类信息。图形晶圆光学明场缺陷检测技术示意如图 1-4 所示。

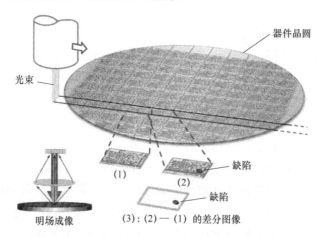

图 1-4　图形晶圆光学明场缺陷检测技术示意

资料来源：Hitachi。

在对晶圆表面的扫描成像过程中，分辨率极限>像素空间分辨率>可检测的缺陷尺度；在无法对缺陷和晶圆表面的特征进行清晰成像的情况下，可实现对纳米级缺陷的检测。图形晶圆光学明场缺陷检测中的图像示意如图 1-5 所示。

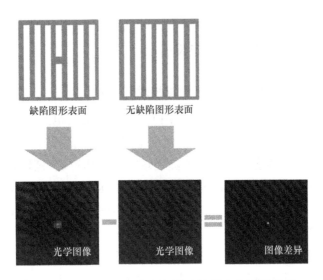

图 1-5　图形晶圆光学明场缺陷检测中的图像示意

　　为了提高图形晶圆光学明场成像缺陷检测技术的检测精度、捕获率、检测速度，人们进行了许多技术改进。首先，为了降低漏检率，在光学方面需要尽量接近衍射极限的光学分辨率和更高的像素分辨率。当前，明场光学检测技术中的光谱范围已经达到深紫外范围（<200nm），光学系统的数值孔径（Numerical Aperture，NA）已达到 0.9，探测器单个像素对应的物方视场小于 30nm×30nm。其次，为了提高在图像对比中不同类型缺陷相对于正常结果的对比度，检测系统配置了多样的照明方式、偏振设置、光瞳选择和波长选择。

　　一方面，通过调整这些相关的不同物理配置参数，可以更有针对性地提高具体缺陷的对比度，从而提高检出率，降低误报率或者漏检率；另一方面，可以更有效地将致命缺陷和非致命缺陷进行分类，降低非致命缺陷的影响。随着技术的不断发展，在传统明场光学缺陷检测技术中融入了灰场检测技术的概念，灰场检测技术通过光阑的调节可以实现传统的明场、暗场和明暗场结合的三种主要照明方式。这与传统明场（一般指照明光路和采集光路在临近硅片端共用同一显微物镜）和暗场（指照明光路和采集光路在物理空间上完全分离）略有不同。三种照明方式能够根据缺陷类型进行灵活组合，最大限度地获取缺陷信息。明场光学图形硅片缺陷检测设备在对不同类型的图形硅片进行检测时，可以使用不同的配置，即不同光学参数和系统参数的组合，当前的设备配置数量超过 10 000 种。

　　光学明场缺陷检测设备依然在不断地发展，目前市场上主要设备有 KLA-

TENCOR 的 3900 系列和 Applied Materials 的 UVision 系列，它们已经在 10nm 的研发中应用，在 14nm 及以上的工艺生产中应用。在国内方面，中科飞测面向 14~20nm，上海睿励面向 22~45nm 正在开展检测技术的研究。

2.　图形晶圆暗场缺陷检测技术和设备

图形晶圆暗场缺陷检测技术（DFI）与图形晶圆明场光学缺陷检测技术类似，以高分辨率的光学成像方法为主要信号获取手段。该技术的基本原理为：在晶圆表面进行扫描图像拍照，通过将每个芯片（Die）的图像信号与参考 Die 的图像信号进行比较和分析，获得缺陷的尺度、分布和分类信息。

晶圆暗场缺陷检测技术与晶圆明场光学缺陷检测技术的主要区别在于，暗场照明方式为更低角度入射的暗场照明，空间采集角度也主要为更低角度的暗场角度，从而对部分缺陷具有更加优异的灵敏度和分类能力。暗场光源采用激光，比明场光学检测的等离子体光源具有更高的强度，从而可以获得更好的缺陷检出率。晶圆暗场缺陷检测技术的特性在于照明光路和采集光路在物理空间上是完全分离的，所以不仅照明光的入射角度和采集光的角度不同，照明光的性质也有多种类型。图形晶圆激光扫描暗场成像缺陷检测技术示意如图 1-6 所示。

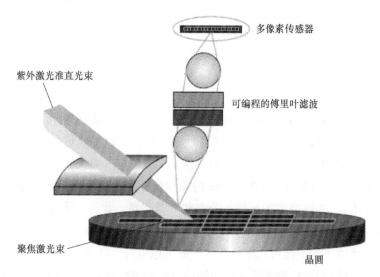

图 1-6　图形晶圆激光扫描暗场成像缺陷检测技术示意

资料来源：KLA-Tencor。

激光器的发光波长在 193nm、266nm、355nm 等不同波段上，越短的波长实现的光学成像分辨率越好。通常，照明光强度越高越好，但是太强的照明光有可能会超过晶圆材料的损伤阈值，要尽可能避免。光学采集成像系统从硅片上方实现最大数值孔径和最大视野的采集成像。由于激光光束的相干性，DFI 对有周期阵列的图形表面的检测效果最好。芯片表面的周期结构会将入射激光散射到若干个确定的空间立体角，在采集光学系统的光路中放置和衍射角度对应的矩形或圆形光阑，就可以非常有效地遮挡周期性结构的散射光，从而最大限度地压缩图像的背景噪声，得到更好的缺陷信号的信噪比。

暗场缺陷检测设备也已经在 14nm 及以上的集成电路生产中应用。当前市场的主要设备是 KLA-TENCOR 的 Puma 系列和 Hitachi High-Tech 的 IS 系列。在国内方面，中科飞测正在面向 14～20nm 开展检测技术的研究。

3. 图形晶圆电子束缺陷检测技术和设备

目前晶圆厂的主力检测技术为光学检测技术，其在集成电路生产高级节点上已经达到极限的分辨力。然而，基于电子成像的图形检测比深紫外波长光学检测图形成像具有更高的空间分辨率。电子显微镜是使用加速电子束作为照明源的成像显微镜，由于加速电子的波长比可见光光子的波长短数十万倍，因此其成像分辨率和有效放大倍数均相对于光学显微镜有大幅提升。

扫描电子显微镜（Scanning Electron Microscopy，SEM）是指用聚焦电子束扫描表面产生样品图像的电子显微镜，涉及的技术包括单电子束技术和多电子束技术（见图 1-7 和图 1-8）。电子与样品中的原子相互作用，产生包含样品表面形貌和组分信息的各种信号，以往复运动形式扫描样品表面图案，并将电子束的扫描位置与检测到的信号相互对应，以形成包含位置信息的图像数据，SEM 可以实现小于 1nm 的分辨率。通过电子显微镜对晶圆表面进行扫描，将 Die 的图像信号与参考 Die 的图像信号进行比较（类似明场和暗场缺陷检测技术），获得缺陷的尺度、分布和分类信息。此外，系统还根据装置内部布线的电导率与检测到的二次电子信号来反映样品内部结构的电导率，综合体现为二次电子的图像对比度信息［一般用电压对比度（Voltage Contrast）表征］。该信息可用于检测隐藏在样品结构内部的电性缺陷（如短路和断路等）。

扫描电子显微镜的图像信号主要来源于电子束与样品内位于不同深度的原子的相互作用。电压对比度检测方法如图 1-9 所示，其中包括二次电子（Secondary

Electrons，SE）、背向散射二次电子（Backscattered Secondary Electrons，BSE）、特征X射线、吸收电流（样本电流）、阴极荧光（Cathodo Luminescence，CL）和透射电子等。二次电子探测器是所有扫描电镜中最常见的用于信号检测的探测器。

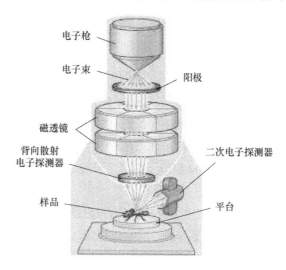

图 1-7　单电子束技术

资料来源：britannica.com。

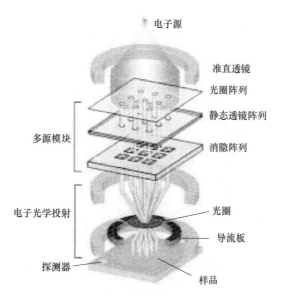

图 1-8　多电子束技术

资料来源：Physics Procedia。

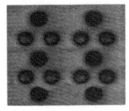 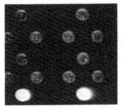

标准扫描电镜　　　　　　　　　　　电压对比

图 1-9　电压对比度检测方法

资料来源：AMAT。

　　当前，电子束检测设备还使用单电子束系统，在吞吐量方面仍然很慢；当用于更小像素尺寸成像时，单电子束的采样频率更低。最终的检验时间比其他类型（光学）检验慢 1 000 倍以上，甚至可能达到 5 000 倍。为了突破电子束检测技术在检测速度方面的瓶颈，业界一直在研究一种新型的多电子束检测技术（如表 1-2 所示为多电子束技术的特点比较）。多电子束检测技术难度很大，如果两个电子束太近，它们将彼此排斥，因此在整个电子束路径上需要采取屏蔽手段。理论上，这种技术不仅可以发现低至 2nm 的缺陷，而且检测速度比当前的单电子束系统更高。多电子束检测技术的主要研发组织有荷兰的 ASML、中国台湾地区汉民微测（HMI，已被 ASML 并购）、美国的 Applied Material、德国的 Carl Zeiss、新加坡的 Maglen、美国的 MultiBeam、日本的 NuFlare&NGR 和中国大陆地区的中科晶源。

表 1-2　多电子束技术的特点比较

未来技术	投影电子束	多电子束	多电子束多物镜	多电子束单物镜
优　　点	高扫描速率	全 Die 应用内	对称电子束，易于控制	小体积
缺　　点	交互作用高，低信噪比，低分辨率	非对称控制，非均匀	大体积	非对称控制
分辨率	中等	中等	高	高
吞吐量	最快	较快	快	较快

资料来源：ASML。

　　目前，卡尔·蔡司的 MultiSEM 系统已经实现了 91 个电子束并联，每个光束在选择区域内成像。在实验室中，该系统已被用于检测半间距（Half Pitch）为 28nm 和 14nm 的图形特征，该系统只需 47 分钟即可完成检测，随着时间的推移，该系统有望扩展到 331 个电子束并联。但是将实验室中的电子显微

镜转化为具有工艺检测生产价值的晶圆检测系统仍然任重道远。据悉，Maglen
正在开发基于永磁体透镜技术的 69 列并联电子束阵列检测系统。

　　电子束检测和光学检测是用于定位晶片缺陷的两项主要技术，目前电子
束检测和光学检测在检测流程上功能互补，各有优缺点。例如，电子束检测
可以找到最小的缺陷，但吞吐量过低，因此主要侧重于在研发方面的应用；
在生产工艺流程中使用的是光学检测，其检测速度更快，但在更小尺寸节点
处其性能已经逼近极限。光学检测与电子束检测在成像上的差异如图 1-10
所示。未来在尺寸较小且光学分辨率有限的情况下，电子束检测将发挥更
大的作用。但是现阶段以上两种检测方法的主要应用依然是：电子束检测
多用于研发团队的工程分析，光学检测多用于晶圆厂的在线检测。检测的
应用开发流程一般从工艺制程研发阶段开始，目标是尽可能多地捕获缺陷，
电子束检测技术分辨率可达 3nm 或更小，因此电子束检测常被用来检测最
小的缺陷。

光学检测　　　　　　　　　　　电子束检测

图 1-10　光学检测与电子束检测在成像上的差异

资料来源：KLA-Tencor。

　　晶圆检测的大市场是缺陷检测领域，电子束检测和光学检测用于研发
和晶圆厂的缺陷检测。微小和/或致命缺陷包括空隙、突起和桥接等。有
时，电子束检测可以发现光学检测不能捕获的微小缺陷，而这些物理缺陷
已经成为非常常见的缺陷类型。尽管电子束检测可以提供比光学检测更高
的分辨率，并且能够通过电子活性差异检测缺陷，但是电子束检测的问题
依然是吞吐量不足。现阶段单电子束检测时间比光学检测慢 1 000 倍甚至
更多。

　　当前电子束缺陷检测设备有 HMI 的 eScan 系列产品和 Applied Materials
的 PROVISION 系列产品等，它们已经 10nm 及以下节点的工艺研发中应用。
在国内方面，中科晶源正在开展检测技术的研究。

4. 图形晶圆光学关键尺寸测量技术和设备

图形晶圆光学关键尺寸测量（OCD）技术是指利用光学散射测量法测量图形线宽等关键尺寸的测量技术。散射技术将非接触式光学技术与极其强大的数据分析软件相结合，为线宽、高度和侧壁角度提供高精度的测量结果，从而形成一个完整的 3D 测量系统，而且该技术可以基于深紫外光源实现小于纳米尺度的测量分辨率。OCD 技术的测量对象为具有光栅结构的图形特征，可以精确地测量 CD、轮廓、线高度或沟槽深度及侧壁角度，全面确定截面轮廓，具有不需要真空、测量速度快、非破坏性等优点，缺点是不能测量单立的光栅结构，如硅锗通道应力、高纵横比（High Apsect Ratio，HAR）结构、VNAND、3D FinFET、硅通孔（Through-Silicon Via，TSV）。

图形晶圆光学关键尺寸测量技术是在光谱椭偏技术（Spectroscopic Ellipsometry，SE）或者反射光谱技术（Spectroscopic Reflectometry，SR）系统中结合了严格耦合波分析技术（Rigorous Coupled-Wave Analysis，RCWA）和光谱模拟仿真技术。通过光谱与物理仿真的模拟和逆向反演，计算获得光栅结构的三维形貌和关键尺寸，扩展光谱范围可达 190～1 000nm。宽带光谱椭圆偏振技术可分为常规椭圆偏振技术和穆勒矩阵椭圆偏振技术，后者能够更好地测量多参数复杂结构，设备也更复杂；前者结构简单，更加稳定，但应用面略窄。

基于建模的反射光谱测量技术如图 1-11 所示。通过垂直或倾斜入射的方式将探测信号入射到特征结构表面，探测信号可能包含多样的偏振状态调制。样品表面反射的信号通过偏振分析结构后，进入探测器，利用反射光的不同偏振特征进行分解。通过对比入射光与反射光的信号，提取光束经过样品后的信号差异来表征样品的细节信息。

根据偏振光学原理，样品结构通过结构建模计算反射特征。通过将模拟结果与测试获得的结果进行对比，并进行基于特征数值提取的数据反演计算，得到模拟特征与测量特征最佳匹配情况下的模型特征参数，获得测量结果。对于周期性结构（周期性光栅结构与电磁波传输示意如图 1-12 所示），其结构特征可以通过傅里叶级数表达：

$$\varepsilon(x) = \sum_h \varepsilon_h \exp\left(j \frac{2\pi}{\Lambda} hx \right)$$

电磁波计算过程采用严格耦合波算法，可以导出均匀薄膜结构和周期性光栅结构的反射特性。

用模拟光谱匹配测量光谱

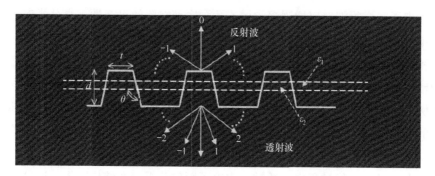

图 1-11　基于建模的反射光谱测量技术

资料来源：Nanometrics。

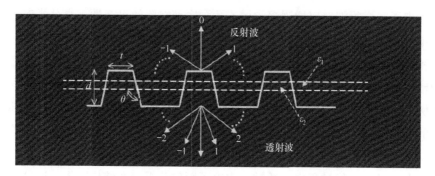

图 1-12　周期性光栅结构与电磁波传输示意

资料来源：Albany。

图形晶圆光学关键尺寸测量设备用于表征光栅结构中的各种物理参数，可以用于监测 FinFET、垂直堆叠 NAND 和集成电路其他复杂结构的关键尺寸和三维形貌。

通常 OCD 检测包括垂直入射和倾斜入射两种角度，OCD 检测设备分为两种：①集成式检测设备，主要与刻蚀机等工艺设备集成使用；②分立式检测设备，具有独立的晶圆传送机构，在晶圆厂中独立使用。

图形晶圆光学关键尺寸测量设备的主要供应商和对应的产品系列有 Nanometric 公司的 Atlas/Impuse 系列、KLA-Tencor 公司的 SpectraShape 系列、

Nova 公司的 HelioSense 系列，这些系列产品已经在 14nm 及以上的生产中应用。在国内方面，上海睿励有 45nm 节点设备在研发进程中。

5. 图形晶圆电子束关键尺寸测量技术和设备

图形晶圆电子束关键尺寸测量（CD-SEM）技术是扫描电子显微镜的应用拓展，是用于测量在半导体晶片上形成图案的精细尺寸的专用技术。CD-SEM 使用 1keV 以下的低能量电子束照射样品，通过降低电子束的能量来减少由于充电或电子束照射对样品的损伤。

当前最先进的高分辨率 SEM 可达到的测量目标尺寸为 6nm，在应用过程中，CD-SEM 根据测量目标的不同选择从材料发射的二次电子或背散射电子作为检测信号。随着技术规模的不断扩大，3D NAND 存储器结构的长宽比增加到 60:1 及以上。因此，想要准确测量底部 CD，就不能再使用常规方法。CD-SEM 根据二次电子或背散射电子及电子的发射角度和能量级别选择最佳信号电子，进行混合以增强深沟槽或孔洞底部缺陷的可视性。高分辨率背散射电子成像增强了接收到的信号，使设备能够深入探查通孔和沟槽，从而实现精密测量。该功能还可以改善后端（Back End of Line，BEOL）处理中通孔沟槽底部 CD 的计量，其中必须以最小化通孔电阻实现底层和覆盖金属层之间所需的连接。以这种方式，CD-SEM 能够实现沟槽中的深槽和孔的底部尺寸的测量，以及 3D NAND、NAND Flash、Fin FET 和 VIT Interconnects 等三维结构的测量，此方法也可进一步应用于套刻（Overlay）测量。

在电子束成像过程中，通过二次电子图像获得表面结构图像，通过背散射图像获得底部图像。

FinFET 中的诸如门和鳍高度的均匀性对于器件性能和产量至关重要，目前在线 CD-SEM 技术只能通过顶视角度测量图形特征的关键尺寸，而无法测量图形特征高度和斜率参数，但是通过电子束倾斜的方式，可以计算和控制栅极和散热片的高度。

CD-SEM 使用 SEM 图像的灰度级（对比度）信号进行 CD 的分析，通过测量指定位置的线轮廓来获取指定位置的尺寸。同时，CD-SEM 通过计算测量区域中的像素数量自动计算尺寸，如图 1-13～图 1-15 所示为通过 CD-SEM 获得的 SEM 图像的例子。图 1-13 中的图像既给出了线轮廓，也给出了线宽。图 1-14 给出了在光阻的 SEM 图像上绘制的线轮廓，以及光阻截面图和 SEM

图像之间的关系。如图 1-15 所示，当线截面呈梯形时，图形特征顶部和底部的宽度不同，在这种情况下，设备菜单（Recipe）将指定测量位置，还可以指定预期的高度位置。

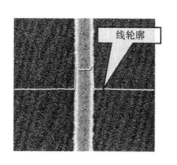

图 1-13 光刻胶线
（SEM 图像）和线轮廓

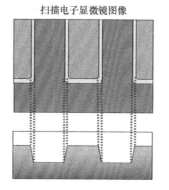

图 1-14 线和空间的 SEM 图像
与示意性横截面视图之间的关系

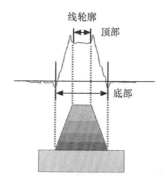

图 1-15 线路示意性横截面视图与线轮廓之间的关系

CD-SEM 的主要应用领域是使用沉积和蚀刻系统的多重图形曝光工艺（Self Align Quadruple Patterning，SAQP），以及浸没式光刻（Litho-Etch-Litho-Etch-Litho-Etch，LELELE）工艺。同时，在 FinFET、3D NAND 和 DRAM 中，引入 3D 和高深宽比结构需要精确测量深沟槽和孔底部的尺寸。

图形晶圆电子束关键尺寸测量技术和设备的主要供应商和对应的产品系列有 Hitachi 的 CG/CV 系列、Applied Material 的 VeritySEM 系列，目前已经在 10nm 及以上的生产中应用。在国内方面，有中科晶源的 SEpA 系列。

6. 光罩光学缺陷检测技术和设备

光罩光学缺陷检测技术主要用于检测光罩上的图形缺陷。光罩光学缺陷检测技术与图形晶圆缺陷检测技术的原理相同。在光罩表面进行图像扫描，通过将光罩中的每个 Die 的图像信号与参考 Die 的图像信号进行比较，或者与 CAD 设计进行比对，通过分析获得存在缺陷的具体位置。

通常采用深紫外激光光源可以获得更高的成像分辨率，当前设备采用 193nm 的波长光源。为了提高成像品质，通常引入离轴照明等技术；为了提高探测器对深紫外波段的灵敏性，阵列探测器采用背照式 CCD 方式，背部减薄到 1μm 以下。

光学成像系统分为透射式系统和反射式系统，通过变焦物镜将光罩表面成像在成像传感器上，图像拾取由时域延迟积分（Time Delayed Integration，TDI）传感器完成。该传感器可在较低的光照水平下提供高速、连续的图像拾取。变焦镜头允许用户选择不同的镜头像素分辨率，用户可以选择不同的像素尺寸，从而实现更快的扫描或者更高分辨率的扫描。设备需要较高的数值孔径（Numerical Aperture，NA），从而实现更高的成像分辨率。对于高 NA 光学器件，其配备了自动对焦子系统，可以实现较低的振动水平。为集成的透射和反射模式提供了更全面的质量检查。

光罩光学缺陷检测技术和设备的主要供应商和对应的产品系列有 KLA-Tencor 的 Teron 系列、Applied Material 的 Aera 系列、Hitachi 的 CG/CV 系列、Nuflare 的 NPI 系列、Lasertec 的 MATRICS 系列，这些设备都已经在 10nm 及以上的生产中应用。

7. 光罩电子束缺陷检测技术和设备

光罩电子束缺陷检测技术与图形晶圆电子束缺陷检测技术原理相近，可参考图形晶圆电子束缺陷检测技术相关介绍。

光罩电子束缺陷检测设备与光学缺陷检测设备的性能对比如图 1-16 所示。

		32nm	22nm	16nm
光学检测	吞吐量	0.4h	0.3h	0.5～1h
	捕获率	100%	100%	<100%
	虚假计数	<100	<100	<100
电子束检测设备	吞吐量	N/A	5～10h	10～20h
	捕获率		90%	90%
	虚假计数		100～1000	>1000

图 1-16　光罩电子束缺陷检测设备与光学缺陷检测设备的性能对比

资料来源：KLA-TEncor。

光罩电子束缺陷检测技术和设备的主要供应商和对应的产品系列有 Hermes Microvision 的 eXplore 系列等。

8．光罩空间成像检测技术和设备

随着 EUV 光刻的应用，193nm 光学检测的分辨率对于 7nm 及更高节点存在限制，对 EUV 波段光学检测技术的需求是其中的一个方向，其检测的优势包括：①部分缺陷在 13.5nm 波段影响很小，而在其他波段影响明显；②可以检测光罩的相位缺陷；③Actinic 波长在使用过程中不受 EUV 光罩保护罩的影响；④部分缺陷只在 13.5nm 波段出现。EUV 成像与电子束成像的差异如图 1-17 所示。

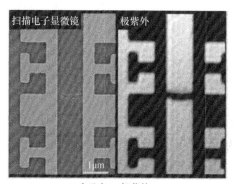
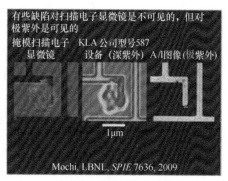

图 1-17　EUV 成像与电子束成像的差异

光罩空间成像检测技术的基本原理为：采用与光刻机相同的照明系统，即用空间成像测量系统（AIMS）生成一个放大的掩模图像，并将曝光晶圆位置替换为阵列光学探测器。当光刻机正常照明时，光罩投影成像在空间中的阵列光学探测器的位置，通过所成图像对投影过程进行检测。AIMS 必须采用与光刻机相同的波长，才能有实际的应用价值。根据检测结果可以对光罩进行修复。

AIMS 主要包括光源、照明系统、投影系统和空间图像采集系统，AIMS 采用与光刻机相同的照明条件，将成像系统调整为图像放大的方式。其中，照明系统涉及多种数值孔径（NA）等复杂设置，照明角谱等与光刻机设置相同。当前 AIMS 的缺点是检测速度比较慢。

光罩空间成像检测设备的主要供应商和对应的产品系列有 Carl Zeiss 的 AIMS 系列。

（二）无图形表面检测技术与设备

1. 无图形晶圆激光扫描表面检测技术与设备

无图形晶圆激光扫描表面检测是一种用于检测晶圆表面品质和发现晶圆表面缺陷的光学检测设备。无图形晶圆激光扫描表面检测系统也是集成电路生产工艺中监测设备污染的关键手段。

无图形晶圆激光扫描表面检测的主要原理：利用激光照射晶圆表面，散射光通过多通道采集，并经过表面背景噪声抑制后，通过算法提取和比较多通道的表面缺陷信号，最终获得缺陷的尺寸和空间分布；可以结合其他辅助光学检测方法，实现无图形晶圆表面的微观缺陷和宏观特征检测，如粗糙度、大范围起伏等。检测内容主要包括颗粒污染、表面凹坑、表面划伤、表面粗糙度等。无图形晶圆激光扫描表面检测的检测精度最高可达 10nm，量产检测速度可以达到大于每小时 100 片晶圆，主要应用于晶片和薄膜晶圆缺陷检测。

从检测技术的角度来看，缺陷的光学散射强度与缺陷尺寸的 6 次方成正比，与波长的 4 次方成反比。因此，为了实现更小缺陷的高灵敏性检测，需要采用更短的光学波长。现有设备通常采用深紫外（DUV）和紫外（UV）波段的激光器作为照明光源，以确保检测灵敏性，再结合多光源照明和优化的信号提取算法，增加光学强度。

无图形晶圆激光扫描表面检测设备通过多类型的激光特征调节、多通道的信号采集及综合分析、基于缺陷坐标位置的聚类分析，获得缺陷种类。其中，激光特征调节主要包括激光多种照明方式的调节和激光偏振方向的调节；多通道的信号主要为宽场光学通道和窄场光学通道，通过比对宽场和窄场的强度，来区别颗粒缺陷与凹坑缺陷。另外，通常无图形晶圆激光扫描表面检测系统都集成了明场照明的差分干涉检测模式（Differential Interference Contrast，DIC），能够检测晶圆表面的高度差异和较大的缺陷。除检测缺陷之外，晶圆表面散射的背景强度与晶圆表面的粗糙度有物理相关性，在检测缺陷的同时，可以检测晶圆表面粗糙度等特征。

无图形晶圆激光扫描表面检测系统能够检测的缺陷类型主要包括颗粒污染、凹坑、水印、划伤、浅坑、外延堆垛（Epi Stacking）、CMP 突起（CMP Protrusion）、晶坑（Crystalline Pits）、滑移线（Slip Line）等。其主要应用于以下三类细分领域。

（1）IC 制造领域。主要包括来料品质检测（Incoming Quality Control，IQC）、工艺控制［薄膜（Film）、化学研磨（CMP）等］、晶圆背面污染检测、设备洁净度检测等。

（2）晶圆制造领域（Prime/Epi/SOI Wafer）。主要包括工艺研发中的缺陷检测、晶圆出厂前的终检流程。

（3）半导体设备制造领域。主要包括工艺研发中的缺陷检测、设备的工艺品质评估（颗粒污染、金属污染等）。

无图形晶圆激光扫描表面检测设备的主要供应商和对应的产品系列有 KLA-Tencor 的 Surfscan 系列和 Hitachi 的 LS 系列。这些设备已经在 10nm 及以上的生产中应用。国内无图形晶圆激光扫描表面检测设备有中科飞测的 Spruce 系列。

2. 光谱椭偏薄膜厚度和折射率测量技术与设备

椭圆偏振仪（以下简称椭偏仪）是用于分析和测量薄膜结构和材料特征的非接触和非破坏性设备。椭偏术是一种用于研究薄膜的结构及介电性质（复数折射率或介电函数）的光学技术。椭偏术通过测量反射或透射时的偏振变化，将其与模型进行比较，反演出模型的物理量数值，从而获得测量结果。椭偏测量系统采用光谱数据反演计算，可以提供不同波长的椭圆数据。与光学散射法一样，椭偏仪使用参数化模型中基于光学信号探测的技术，包括可变角度光谱椭偏仪和测量从紫外到近红外范围的宽光谱椭偏仪。椭偏仪通过合适的物理模型，能够测量材料组分、粗糙度、厚度（深度）、晶体性质、掺杂浓度、电导率和其他材料特性。

测量的信号是入射辐射（处于已知状态）与被测量材料结构（反射、吸收、散射或透射）相互作用时的偏振变化，偏振变化通过幅度比 Ψ 和相位差 Δ 来量化。由于信号取决于厚度和材料特性，因此椭偏仪可以作为一种通用工具，用于无接触测量各种薄膜的厚度和光学常数。通过分析光的偏振变化，椭偏仪可以测量出比探测光本身的波长更小的薄膜层的信息，甚至小到单个原子层。椭偏术可以探测复杂的折射率或介电函数张量，从而可以获得如上所述的基本物理参数。它通常用于表征单层或复杂多层叠层的薄膜厚度，范围从几埃或十分之几纳米到几微米，精度极高。

椭偏术是一种间接的方法，即通常所测量的 Ψ 和 Δ 不能直接转换成样品的光学常数。必须先建立层模型，该模型应包括样品的所有薄膜层结构的光学常数（折射率或介电函数张量）和厚度参数；输入与客观情况较为接近的参数，将通过理论计算得到的 Ψ 和 Δ 与测试的 Ψ 和 Δ 数据进行匹配，通过最优解获取过程（如最小二乘法等）获取模型中不确定的参数。

薄膜测量设备通常采用宽光谱光源，在集成电路领域的光谱范围为 190～1 000nm，短波长也可达到 150nm。薄膜测量设备通常采用 65°或者 70°的固定倾斜入射角度，或者若干固定角度轮换/并行的测量方式。光斑大小在倾斜入射情况下通常需要小于 30μm，以满足图形晶圆上特定区域的膜厚测量需求。单点测量时间通常在 3～5s。设备需要集成机器视觉系统，对图形晶圆进行空间标定，从而使光学测量点能够对准测量区域。椭圆偏振光谱测量系统结构示意如图 1-18 所示。

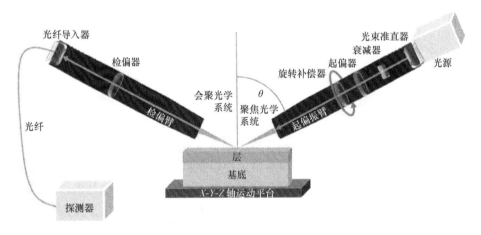

图 1-18　椭圆偏振光谱测量系统结构示意

椭偏仪又可以细分为旋转偏振器椭偏仪（RPE，也称标准椭偏仪）、单波片椭偏仪（RCE，通用椭偏仪）、双波片椭偏仪（RCE2，穆勒矩阵椭偏仪）。其主要区别是能够测量出的独立物理量的数量不同，RPE 能够测量 9 个独立物理量，RCE 能够测量 12 个独立物理量，RCE2 能够测量 16 个独立物理量。能够测量独立的物理量越多，测量复杂结构的能力越强，处理复杂情况的能力也越强，未知参数在反演过程中就越容易被解耦。此外，增加用来测量的入射光的角度也能增加可测量的独立物理量数量，如果两次测量的入射角度存在一定差异，则测量结果之间也会有一定的相关性，从而有助于优化参数提取效果。

对于特殊的检测对象，可以使用专有配置的设备。例如，对于栅级 Gate 的测量，由于其薄膜厚度通常小于 2nm，因此可以采用单波长的椭圆偏振设备进行测量。单波长激光具有极其稳定的波长和较高的亮度，能够在短时间内实现高信噪比的测量。一方面，在设备中增加相位偏转元器件，可以调整测量设备，使其在超薄范围内具有最高的测量灵敏性；另一方面，可以增加表面吹扫功能，降低表面大气分子污染对测量结果的影响。也可以选择红外光谱椭偏仪（IRSE），其支持双层厚膜叠层上的薄膜测量，个别产品的波长可以达到 15 000nm。

由于薄膜检测设备通常采用的椭圆偏振测量方式与图形晶圆光学关键尺寸测量技术采用的倾斜入射角度测量方式相同，因此，一般分立式光学关键尺寸测量设备都具有通用薄膜检测设备的能力。

光谱椭偏薄膜厚度和折射率测量设备的主要供应商和对应的产品系列有 Nanometric 的 Atlas 系列系列、KLA-Tencor 的 SpectraFilm 系列系列，以及 N&K Olympian 的系列产品，这些设备已经在 10nm 及以上的生产中应用。在国内方面，上海睿励销售 45nm 左右节点的测量设备。

（三）光刻套刻对准测量技术与设备

套刻测量（Overlay Metrology）用于电路制作中，将光罩产生的图形与要增加新图案层的图形基底在空间上对准。层之间图案空间对齐的控制，在高节点半导体制造中，尤其在多次套刻工艺中，具有极其核心的作用。任何类型的对准偏差都可能导致短路和连接故障，从而影响晶圆厂的产量。

随着工艺节点的缩减，套刻测量控制变得更加重要，可接受偏差已经缩减到设计规则的 30% 以下，以满足 7nm 及以下节点的套刻控制所需的精度要求。现在流行的技术方案使用较小微光栅的先进套刻准确度控制方式等，可以支持多样性的测量目标（微光栅）设计。

套刻测量主要包括光学成像套刻测量、光学衍射套刻测量，其中光学衍射套刻测量主要应用基于光学散射技术的套刻测量技术（Optical Scattometry Overlay，SCOL），具有更优异的不确定度，本书仅介绍此方法。套刻检测和分析还可以采用电子束成像方法。传统的基于成像的光学套刻测量（Imaging-Base Optical Overlay Metrology，IBO）和电子束成像方法，本书暂不做说明。

光学衍射套刻测量主要通过获取上下两层叠加的光栅结构的衍射信号，利用不同对准情况下衍射效果的不同，测量上下两层叠加光栅的对准情况。

根据 ASML 的技术路线图预期，2018 年光刻机吞吐量达到 145WPH，套刻精度要求<3nm；到 2020 年，光刻机吞吐量达到 185WPH，套刻精度要求<2nm。

基于光学散射技术的套刻测量技术（SCOL，见图 1-19）可以分为以下两种方式。

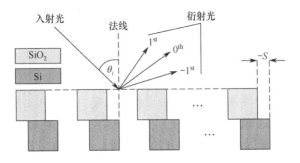

图 1-19　基于光学散射技术的套刻测量技术

一种采用与图形晶圆光学关键尺寸测量技术相同的原理，本章不做阐述。

另一种采用衍射光束套刻（Diffracted Beams Overlay，DBO）技术，通过比对光栅结构+1 和−1 的信号强度和分布，获得套刻数据。双光栅叠层的+1 和−1 衍射级强度的不对称性特征用于测量叠层中两层之间的套刻偏移（Shift）。利用两个分别具有+d 和−d 的衍射级次的光栅堆栈，能够对晶片上校准检测的不对称性进行校准。在新的光学散射套刻对准检测技术中，两个叠加光栅与照明点尺寸相比都很小，这需要将特殊的光学滤波和信号处理应用于第一衍射级次信号的选择，并过滤（产品）环境和光栅边缘的效应。对比+1/−1 级信号特征的 DBO 测量技术如图 1-20 所示。

当前先进的光学衍射套刻测量设备采用 1nm 分辨率的可调谐激光技术与实时归位算法配合，以保证大批量制造的重叠精度和工艺鲁棒性。可调谐激光测量系统支持包括模内和小间距在内的各种范围套刻图案的散射测量，可实现对不同工艺层、器件类型、设计节点和图案化技术的精确测量。

光刻套刻对准测量设备的主要供应商和对应的产品系列有 KLA-Tencor 的 Archer 系列及 ASML 的 YieldStar 系列，均已经在 10nm 及以上的生产中应用。

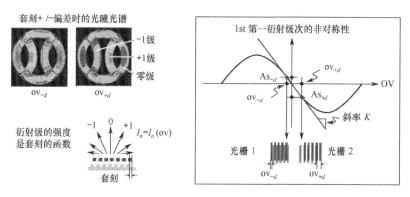

图 1-20　对比 +1/−1 级信号特征的 DBO 测量技术

资料来源：ASML。

（四）其他分析及检测技术与设备

缺陷复检扫描电镜（DR-SEM）是一种基于扫描电子显微镜（SEM）的缺陷检测和分析设备，其增加了合适的配置用于复查晶片上的缺陷。它可以采集半导体晶圆缺陷检测系统所检测到的缺陷，采用高倍数放大的方法得到高分辨率图像，并对其进行检查和分类。通过高分辨率的缺陷图像，可以确定其特性，分析其组成成分并协助分析缺陷形成的根本原因。DR-SEM 可以更详细地观察、分析和分类由晶片检测系统检测到的缺陷和颗粒的形状及成分，通常会配置自动缺陷检查功能。

DR-SEM 的基础成像方法与 SEM 相似，DR-SEM 能够根据电子的发射角度和能量来选择二次电子（SE）信号或背散射电子（BSE）信号成像。这种检测技术提高了深沟槽和高深宽比的接触孔发射信号电子的捕获率，增加了底部图案形状的可视性。

当前主要设备的发展趋势主要包括两方面。

一方面是 3D 结构的分析能力，包括利用电子束倾斜技术实现在 3D 器件结构的侧壁上检测缺陷。结合能量过滤的背散射电子探测，可以观测高深横比的沟槽和孔结构。高能量成像模式可以检测底层结构中的缺陷（对于光刻和低介电常数工艺主要采用低能量成像）。

另一方面是自动缺陷分类算法的实现，通过先进机器学习算法动态"学习"当今复杂过程中的众多缺陷类别，通过统计分类引擎，提高分类的准确性，使得真正的缺陷可以从大量的滋扰缺陷或错误警报中分离出来。检测的主要缺陷类型如图 1-21 所示。

图 1-21 检测的主要缺陷类型

资料来源：AMAT。

DR-SEM 主要用于协助分析工艺中出现缺陷的根本原因，从而解决相应的缺陷问题，优化工艺良品率，一般与其他半导体生产线中的检测系统一起使用。DR-SEM 设备通常会集成多种分析测量模块和功能，包括能量色散 X 射线光谱分析，用于非图形晶圆缺陷复检的激光暗场显微分析和套刻测量。

电子束缺陷复检设备的供应商和对应的产品系列有 Applied Material 的 SEMVision 系列、Hitachi 的 HighTech SEM CR 系列、KLA-Tencor 的 eDR 系列，这些设备已经在 10nm 及以上的生产中应用。

（五）前道制程中的工艺品质控制检测的整体发展趋势

芯片前道制程中的工艺品质控制检测的需求有三大趋势。

（1）极紫外光刻（Extreme Ultra Violet Lithography，EUVL）技术要求更高的检测分辨率。随着工艺节点进入 16nm/14nm 及更小节点，芯片最小尺寸也进一步缩减。统计数据表明，工艺节点每缩减一代，工艺中产生的致命缺陷数量会增加 50%。工艺节点和致命缺陷数量的对应关系如图 1-22 所示。

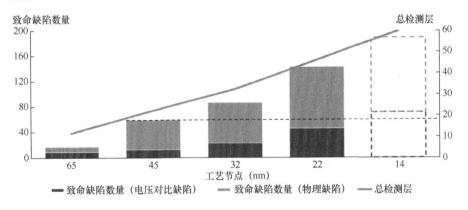

图 1-22 工艺节点和致命缺陷数量的对应关系

资料来源：Yole。

（2）16nm/14nm 及以下节点工艺步骤增加。对于 16nm/14nm 及以下工艺节点，由于采用多层套刻技术，工艺步骤将增至近千道工序；如果每道工序的良品率保持在 99.5%，则 600 道工序之后的总良品率将小于 5%，不同工艺节点的良品率水平预测如图 1-23 所示。

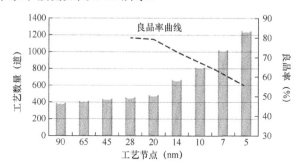

图 1-23　不同工艺节点的良品率水平预测

资料来源：KLA-Tencor。

（3）三维器件结构检测需求提升。与上一代工艺节点中器件的平面化结构特征相比，当前器件的主要结构特征体现为微纳尺度下的三维结构特征，如图 1-24 所示为微纳尺度下的三维器件结构。集成电路基础结构逐渐向诸如 FinFET、Multi-Gate、3D NAND、3D Interconnect 等三维结构转化，给检测技术提出了新的要求带来了新的挑战。具体体现在以下几个方面。

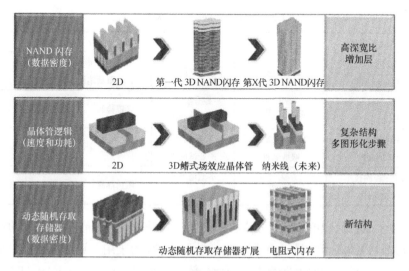

图 1-24　微纳尺度下的三维器件结构

资料来源：Nanometrics。

- 待检测或测量的物理量显著增多，且此类物理量的增长更多地体现在高度方向及平面结构底部物理量的检测方面；
- 三维结构器件占比逐年增加，需要消除检测目标周围三维结构造成的影响；
- 随着 EUVL 技术的不断成熟，工艺节点即将缩短至 7nm/5nm，这对检测技术在平面内的空间分辨率也提出了更高的要求。

检测技术和设备面临的三大挑战如下。

（1）传统光学检测技术已达分辨率极限。传统光学检测能力遭遇瓶颈，无法满足 10nm/7nm/5nm 需求，必须进一步缩短光源波长，提高分辨率和检测能力。

（2）电子束等超高分辨率检测技术需要时间以突破关键瓶颈。

- 以电子束为基础的检测需求量增加，并更多地从研发环节向生产环节渗透。多家企业正在研发多通道电子束技术，以期解决低吞吐量的问题。未来图形晶圆和光罩检测领域，将是光学检测与电子束检测互补的格局。
- EUV 和 X 射线检测技术需要进一步提升整体产业链能力。

（3）所有高端检测产品共同面对的问题是降低成本。

不同波长的检测技术情况汇总如表 1-3 所示。

表 1-3　不同波长的检测技术情况汇总

探测信号载体	波　　长	主要问题	主要技术领域
传统光学检测技术（Optical）	190～1 000nm	分辨率限制	图形/非图形晶圆缺陷检测、CD 测量、光罩缺陷检测
EUV 波段检测技术（Actinic）	13.5nm	提升整体产业链能力	光罩检测
X 射线检测技术（X 射线）	100pm，通常利用吸收特性	提升整体产业链能力	关键尺度测量、薄膜测量
电子束检测技术（E-Beam）	10pm	多通道电子束技术研发	图形晶圆缺陷检测、光罩缺陷检测

基于成像原理的检测设备发展趋势如下：基于 E-Beam 成像技术的设备发展方向为提高吞吐量，由采用单一电子束发展为采用多通道电子束；基于光学成像的设备发展方向为提高成像分辨率，采用 Deep Ultraviolet（DUV）、Vacuum Ultraviolet（VUV）、Extreme Ultraviolet（EUV）等波长更短的光源，

以获取更高的分辨率；采用 Actinic 方法进行光罩检测的需求量增加，其主要原因是对于 EUV 波段，其他波长检测方式的缺陷检出类型同 EUV 波段的缺陷检出类型存在差异。另外，由于 EUV 光罩保护层的存在，导致无法采用部分光学波段进行光罩缺陷检测。

非图形晶圆检测、散射 CD 和套刻等基于物理光学原理的设备发展趋势：通过 DUV、VUV、EUV 等波长的进一步缩短，提高光学作用的效率和灵敏性。

三、晶圆级封装（中道）中的关键工艺品质控制检测技术与设备

芯片中道制程主要指在硅晶圆的纳米尺度制造工艺完成后，在未切割的晶圆表面通过制程工艺实现器件电路触点与基板电路触点间的引线连接或三维结构器件的堆叠式引线连接。主要包括两种工艺：①通过重布线结构（Redistribution Layer，RDL）与凸点（Bump/Pillar）实现重新布线和电学接触；②通过硅穿孔实现芯片结构堆叠，主要用于实现高密度的引脚接触、SiP、2.5D/3D IC 等集成度更高、尺度更小的器件。其主要技术尺度发展以布线密度（Line/Space，L/S）为参考，包括 1μm、2μm、5μm、10μm 等。当前世界领先的布线密度为 L/S = 1μm/1μm，国内的布线密度主要为 L/S = 5μm/5μm。

随着集成电路行业的不断进步，封装技术也从传统封装向晶圆级封装发展。随着后摩尔时代 3D 封装、晶圆级封装等技术的应用，传统晶片制造企业和传统封装企业开始向此领域延伸。例如，台积电（TSMC）通过推出硅晶片堆叠封装（Chip on Wafer on Silicon，CoWos）与整合式扇出封装（Integrated Fan-Out，InFO）等先进封装技术，进入中道制程。

由于引脚数量的增加，引脚布局所需面积已经大于芯片本身的面积。在此情况下，出现了 Fan-Out 工艺。该工艺在芯片切割后，通过 Molding 技术将芯片面积扩大到能够容纳足够的设计凸点（Bump/Pillar），再进行重新布线。当芯片面积扩大后，Fan-Out 工艺与未切割的晶圆级封装工艺相同，因此，本书将 Fan-Out 工艺归入晶圆级封装范畴。

芯片中道制程的主要检测技术如下。

（1）三维表面形貌测量技术，具体包括光学低相干测量技术、共聚焦显微测量技术、反射光谱膜厚测量技术、光学显微及 2D 数字图像测量技术等。

（2）自动光学检测（Automated Optical Inspection，AOI）技术，具体包括 2D 自动光学检测（2D AOI）技术和 3D 自动光学检测（3D AOI）技术。

芯片中道制程的检测设备供应商主要有 KLA-Tencor、Nanometrics、Rudolph Technology、Camtek、UnitySC（原 Fogale Semicon 和 AltATEch）、Bruker、Zeta Instruments、Lasertec、Toray Engineering、中科飞测、上海微电子和中国台湾政美等。

（一）三维表面形貌测量技术与设备

三维表面形貌测量包括表面台阶高度测量、表面薄膜厚度测量等。根据不同的使用条件，采用最适应的测量原理和技术，主要包括：①光学低相干测量技术；②共聚焦显微测量技术；③反射光谱膜厚测量技术；④数字光学显微及二维测量技术。

当前，三维表面形貌测量设备的趋势是在一台设备中提供关键尺寸（CD）、套刻（Overlay）、重布线层（RDL）和凹凸金属（Under Bump Metallization，UBM）高度，以及薄膜厚度等测量功能，从而减少晶圆厂的计量设备数量，并节省洁净室空间，降低总体拥有成本（TCO）。

三维表面形貌测量设备具体的应用包括：2.5D/3D 集成、晶圆级芯片级封装（Wafer Level Chip Scale Package，WLCSP）和扇出晶圆级封装（Fan-Out Wafer Level Package，FoWLP），为铜柱、凸块、硅通孔（TSV）、重布线层（RDL）和其他封装工艺流程提供经过生产验证的工艺控制和监控策略，支持黏合、薄化和翘曲的衬底。

1．光学低相干测量技术

光学低相干测量技术通常也称为扫描白光干涉测量技术，是半导体制造前道和后道在线测量的一种重要方法，主要用于晶圆局部的轮廓和台阶高度、关键尺寸（CD）、多层膜组合形貌和膜厚度，以及晶片翘曲（Warp/Bow）等的定量非接触式的精密测量，具有非接触、测量速度快和测量精度高等优点。该技术利用宽光谱的白光作为照明光源，通过光学干涉成像系统获得由半导体晶片的反射光与系统参考光形成的干涉图像，捕获后用于软件分析。在获得每个点的数据之后，系统可以生成表面的三维形貌。

光学低相干测量技术的基础结构为光学干涉仪结构，利用宽光谱光源的低相关性，使干涉条纹只出现在很窄的空间范围内。当被测样品表面与干涉参考表面处于完全相同的光程时，探测器端产生最强的信号；当被测样品表面与干涉参考面逐渐远离时，探测器端信号特征表现为逐渐震荡衰减的过程。白光干涉条纹中的最大光强值点代表了零级干涉条纹的位置，有效避免了传统单色光相移干涉中的相位模糊问题。光学低相干测量技术输出信号示意如图 1-25 所示。

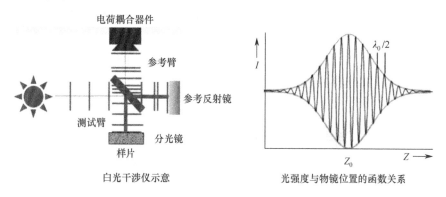

白光干涉仪示意　　　　　　　光强度与物镜位置的函数关系

图 1-25　光学低相干测量技术输出信号示意

白光干涉仪垂直方向的分辨率可达 0.1nm，水平方向的分辨率受显微镜分辨率的限制，通常约为 400nm（按放大倍率 100X 估计）。高度测量范围理论上只受扫描范围的限制，通常可达 0～200μm。通过三维形貌的信息，可以进一步获得关键尺寸、套刻、高度、深度等尺度信息。

低相干测量技术也可以用于测量透明膜的厚度，高品质的测量仪器最高可测量 200μm 以上的厚度，通常用于先进封装领域结构性薄膜（Polyimide、PI、聚酰亚胺）的厚度测量。另外，经过模型化处理的可见光波段的白光干涉方法，可以测量最薄为 100nm 的薄膜厚度。通过调整光谱范围至近红外波段，可以测量 300μm 以上的厚膜和硅晶圆的厚度。

低相干测量设备主要由光源、干涉光路、垂直扫描装置、探测器和计算软件等组成。其中，干涉光路包括 Michelson、Mirau Objectives、Linnik Objectives 等实现形式。

2. 共聚焦显微测量技术

共聚焦显微测量技术的光学系统仅能对三维空间内某一空间点进行信号

收集，会屏蔽其他空间位置的信号。因此，通过三维空间的扫描及信号获取，可以构建整个扫描空间的三维结构。共聚焦检测的横向分辨率可以达到 0.15μm，纵向分辨率可以达到 0.25μm。

一个点光源发射的探测光通过透镜聚焦到被观测物体上，如果物体恰好在焦点上，那么反射光通过原透镜后应当汇聚返回到光源处，这就是所谓的共聚焦，简称共焦。共焦显微镜在反射光的光路上加了一块半反半透镜，将已经通过透镜的反射光折向其他方向，在其焦点位置上有一个针孔，在挡板后面是一个光电倍增管。探测光焦点前后的反射光通过这一套共焦系统，会被挡板挡住，必定不能聚焦到小孔上。于是，光度计测量的就是焦点处的反射光强度。其意义是通过移动透镜系统，可以对一个半透明的物体进行三维扫描。聚焦与离焦的示意如图 1-26 所示。

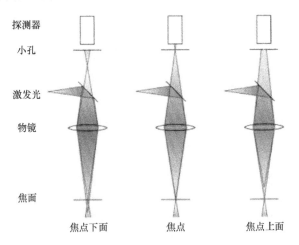

图 1-26 聚焦与离焦的示意

资料来源：ScienceDirect。

3. 反射光谱膜厚测量技术

反射光谱膜厚测量是通过测量样品表面的反射光的光谱来反演薄膜的光学常数和厚度的一种方法。在这种方法中，光照射在薄膜样品上，经过薄膜表面和薄膜内部的多次反射，一些光被反射回来，通过光谱型探测器可获取样品的反射光谱。再根据已知的客观条件和理论模型，建立各薄膜参数的搜寻条件和范围，在此范围内寻找最优解，使演算反射光谱与薄膜样品采集的反射光谱一致，从而达到测量的目的。

在反射光谱膜厚测量中，光束可以垂直入射到样品表面，也可以倾斜入射到样品表面。一方面，由于先进封装领域的结构多为 TSV、Bump、UBM 等三维结构，倾斜入射的方式容易受到表面结构的影响，因此多采用垂直入射的方式；另一方面，先进封装领域的薄膜通常较厚，其厚度主要为几百纳米以上，垂直入射反射光谱的测量范围可以满足要求，而倾斜入射适用于测量 10nm 以下的薄膜厚度，在先进封装领域应用极少。

通常白光源聚焦在样品上，从样品反射的光被聚焦到能够将颜色分离成其光谱分量的装置上，然后使用专门的检测器将每个分量变换成电信号，并使用多个波长（颜色）的光线来获得数据阵列。通常采用微点的光谱反射及可见光区域中的波长光谱，并将作为每个波长的信号电平的光谱数据传送到处理单元。处理单元基于麦克斯韦方程（描述物质与光的相互作用的物理参数公式），评估与测量最匹配的样品的性质。上述检测可获得样品厚度、折射率等物理特性参数，而不会接触或破坏胶片。反射光谱膜厚测量技术的特点如图 1-27 所示。

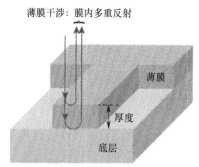

入射光在透明薄膜结构中多次反射，
强度为干涉叠加后的综合效果

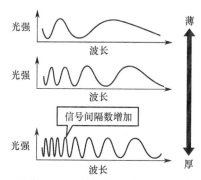

光谱强度周期变化的频率随着厚度的增加而增加

图 1-27　反射光谱膜厚测量技术的特点

资料来源：Lasertec、Umich.edu。

光源通常采用宽光谱范围和高强度的氙灯，从而可以根据特定工艺要求选择测量波长范围。对于较厚的层，可以添加近红外延伸，厚度测量范围可以达到几十微米。可以添加紫外（UV）滤光片以保护光致抗蚀剂或其他敏感层免受 UV 光。由于光照强度大，采集时间可以缩短到几毫秒。设备可以集成激光光学位移传感器和 2D 摄像头，以实现快速对焦和精确移动。

4．数字光学显微及二维测量技术

数字光学显微是传统光学显微的一种变体，它使用光学元件和数码相机将图像输出到显示器。传统光学显微镜直接通过目镜观察样品，而数字显微镜没有目镜，其目镜被相机和显示器取代。

大多数高端数字显微镜系统能够以二维方式测量样品，通过测量屏幕上像素到像素的距离来测量长度、宽度、对角线等参数。图像中结构的边缘检测采用多种数学方法，旨在识别数字图像中的亮度急剧变化或具有不连续性的点。边缘检测是图像处理、机器视觉和计算机视觉的基本工具，特别是在特征检测和特征提取领域应用广泛。图像原始信号及边缘提取的信号处理如图 1-28 所示。

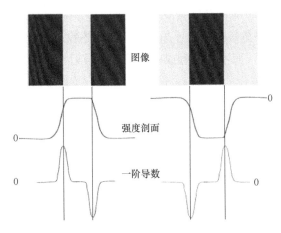

图 1-28　图像原始信号及边缘提取的信号处理

5．多种光学测量技术的集成和设备

根据先进封装领域量测的需求和使用要求，可将多种测量技术通过光学手段集成一体。通过分光、不同类光源、阵列或者单点探测器的通道切换，构成高度集成化的光学测量系统。多种测量技术高度集成的光学系统结构示意如图 1-29 所示。

三维表面形貌测量设备的供应商和对应的产品系列有 Nanometrics 的 Unifire 系列、中科飞测的 Cypress 系列、Zeta 的 Instrument 580 系列、KLA-Tencor 的 Micro300 系列、Unity 的 SCTMAP 系列、Rudolph 的 Dragonfly 系列、Camtek 的 Eaglc 系列，这些设备已经在 2μm 节点的生产中应用。

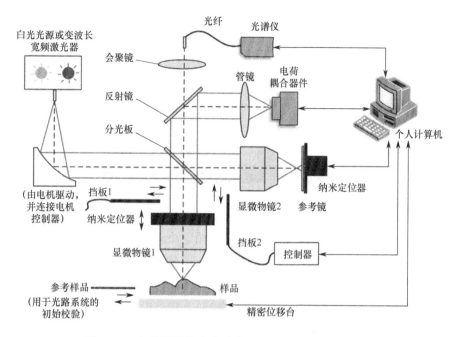

图 1-29 多种测量技术高度集成的光学系统结构示意

（二）自动光学检测技术与设备（中道）

自动光学检测技术（AOI）主要通过对晶圆表面的连续扫描发现晶圆图形中的缺陷。其中，2D 自动光学检测（2D AOI）技术与图形晶圆光学明场缺陷检测技术的原理相似。另外，由于先进封装领域有 Bump、Pillar 等三维结构，因此需要专门面向三维结构的 3D 自动光学检测（3D AOI）技术。

2D AOI 在照明波段、照明和采集光学方面相对图形晶圆光学明场缺陷检测更加简单，最小分辨率在 0.5μm 左右。但由于封装的表面高度存在差异，因此其技术发展与硅制程的检测存在一定方向性差异，如更高的景深等。

3D AOI 主要用于检测 Bump、Pillar 等三维结构是否符合其严格的尺寸及位置公差需求，及其表面是否存在缺陷。三角测量技术和显微技术的配合使用，可避免探针等接触式检测器件对晶圆表面的损坏，从而提高检测精度。另外，明暗场照明方式的组合使用，可提高成像对比度，显示更多缺陷细节，提高准确率。例如，Camtek 的 Eagle-AP 设备采用了激光三角测量原理，可对金属凸起、焊接点等三维结构进行测量和检测，最小检测直径可达 2μm。3D AOI 技术的检测原理如图 1-30 所示。

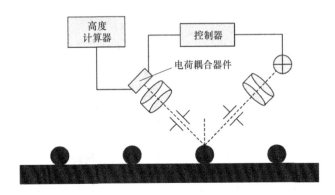

图 1-30　3D AOI 技术的检测原理

自动光学检测设备主要以基于光学的图像检测技术为主体，并复合多种光学量测方法，可实现测量尺度大于 0.5μm 的晶圆缺陷检测。其检测方式为局部晶圆表面扫描成像：光学视场只限于局部晶圆表面，具有更高的空间分辨率，测试中通过对晶圆表面进行定位或者连续扫描，拍摄晶圆表面的完整图像信息，通过芯片间比对、均匀背景灰度差异提取等图像计算方法，获得检测结果。采取不同的照明方式，利用晶圆反射/散射光信号形成晶圆表面图像，并结合图像分析和处理，实现对缺陷的尺度、形状的检测和分类。

自动光学检测设备重要的工艺控制应用包括光刻（Lithography）、化学机械抛光（CMP）、刻蚀（Etch）、薄膜（Films）、复合 3D 测量能力后的出货检验和入厂检验、晶圆级芯片规模封装（WLCSP）、扇出晶圆级封装（FoWLP）。

自动光学检测设备的具体检测项目包括以下四大类。

（1）正面检测，包括：颗粒污染、划伤、离焦缺陷、光阻缺失、光罩 ID 检查，确定使用正确的光罩曝光；套刻错误，检查层与层之间的特征图形。

（2）背面检测，检测晶圆背面的污染和刮伤缺陷。在光刻工艺中，可防止晶圆卡盘造成晶圆背面污染；从而避免背面缺陷导致的光刻工艺的离焦缺陷。

（3）边缘检测，包括两方面：一是边缘去除（Edge Bead Removal）的覆盖度、同心度、均匀性检测，帮助判断表面覆盖层在浸没式光刻中产生膜层的剥离概率和光刻工艺缺陷率；二是边缘缺口、边缘裂纹的检测，避免后续工艺中出现晶圆裂片。

（4）晶圆几何形状检测：包括横向尺寸和高度测量能力。

自动光学检测设备的供应商和对应的产品系列有 KLA-Tencor 的 CIRCL

系列、Rudolph 的 NSX 系列、Camtek 的 Eagle 系列和中科飞测的 Birch 系列设备，这些设备已经在 2μm 节点的生产中应用。

（三）无图形表面检测技术与设备

与前道工艺流程中的缺陷检测类似，在中道工艺流程中，也需要利用光学检测设备来检测晶圆表面品质和发现晶圆表面缺陷。无图形晶圆表面检测系统也是集成电路生产工艺中监测设备污染的关键手段。

（四）中道制程中的工艺品质控制检测的整体发展趋势

先进的晶圆级半导体封装工艺主要包括使用硅通孔（TSV）的 2.5D/3D IC 集成、WLCSP 和 FoWLP。其工艺过程中的主要缺陷与前道工艺类似，对最小检测尺度的要求降低，通常在 0.5μm 以上。

芯片中道制程中的工艺品质控制检测需求体现在中道制程工艺尺度和密度不断增加，晶圆级封装的工艺路线如表 1-4 所示。重步线层（RDL）的线条宽度与空间比例不断降低，从 2μm 等间距延伸到 0.2μm 等间距。行业要求是当缺陷尺寸缩小时，在保证良好检出率的前提下，仍维持高效的吞吐量。同时，行业需要功能集成度更高的检测设备，如将基于显微镜的二维尺度检测、薄膜胶厚检测、基于白光干涉或者共聚焦技术的三维形貌检测、晶圆宏观形貌检测等集成到一台设备中。

表 1-4 晶圆级封装的工艺路线

	2018 年	2020 年	2025 年	2030 年
RDL 等距线槽尺度（μm）	2.0/2.0	1.0/1.0 0.8/0.8	0.4/0.4	0.2/0.2

晶圆级封装检测技术目前主要采用已经成熟的检测技术，芯片中道制程中的工艺品质控制检测发展趋势如下。

（1）在检测能力方面，线宽逐渐缩小，密度逐渐升高，检测的分辨率需求随之提高。一方面，将检测技术从可见光波段逐渐延伸至近紫外/深紫外光波段；另一方面，前道检测技术在中道检测中的适当导入，能够满足一部分中道检测的需求。

（2）更多自动化能力的提升。一方面，体现为多种测量功能的整合，将关键尺寸、膜厚、高度、洗边等测量能力集成；另一方面，提高缺陷分类的智能化水平，降低人工分析的比例。

（3）需要进一步降低产品成本。

四、基板与传统封装测试（后道）中的关键工艺品质控制检测技术与设备

芯片后道制程主要指完成晶圆器件后，将晶圆切割成晶片，并通过打线（Wire Bonding）等传统封装工艺，实现器件与外部引脚的电学连接，形成电子元器件（Component）。先进封装后的晶圆也将被切割，并制成电子元器件。电子元器件会经历打标、包装、分拣、测试、基板焊接及基板级测试等工序。

芯片后道制程的工艺品质控制检测技术主要有 2D AOI、3D AOI 和 X 射线检测技术等。

芯片后道制程的检测设备供应商主要有 KLA-Tencor、Orbotech、Nordson、Vitrox、Saki Corp、Toray Engineering、MEK、Viscom AG、OMRON、Test Research（TRI）、GÖPEL electronic 等。

（一）自动光学检测技术与设备（后道）

随着应用需求的发展，封装测试（简称"封测"）段自动光学检测技术也同时需要 2D AOI 和 3D AOI。

（1）2D AOI：2D AOI 设备最先进的系统配置了多个超高分辨率相机，拥有 1 000 万～1 500 万像素分辨率、精密远心镜头和多层照明技术，能够正确照亮有效封装区域。AOI 系统还必须提供先进的二维检测算法，以对成品印制电路板（Printed Circults Board，PCB）组件的制造缺陷进行特征描述和检查。2D AOI 结构示意如图 1-31 所示。

（2）3D AOI：3D AOI 能够精确检测和测量 PCB 上器件的高度尺寸，并提供清晰的集成电路和各种器件的侧视图像，这样就可以看到自顶向下的照相机不能看到的导线和焊点。3D AOI 效果如图 1-32 所示。

3D AOI 的检测原理为多频莫尔相移图像方法。该方法包括单个或多个投影机，将可以移动的线条投影在确定的感兴趣区域。当线条在测试表面上移动时，数码相机通过捕捉变形线的图像，应用相移分析和相位解缠技术，可

以重建测试表面的三维轮廓，以进行精确测量。多频莫尔相移图像方法通过将两个或多个不同频率的线状图形投影到给定的测试表面，优化表征不同高度的物体。3D AOI 多频莫尔相移图像方法的图像处理过程如图 1-33 所示。

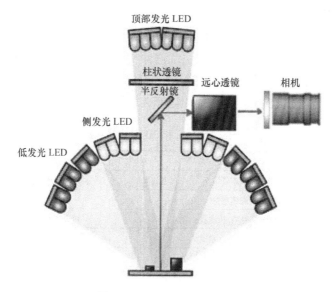

图 1-31　2D AOI 结构示意

资料来源：Saki。

图 1-32　3D AOI 效果

◆ 原始图像　　◆ 图案光学图像　　◆ 莫尔光学图像　　◆ 三维形状图像

图 1-33　3D AOI 多频莫尔相移图像方法的图像处理过程

资料来源：Mirtec。

3D AOI 系统利用侧视角摄像头获取以前不可见的侧视图。多阶环形照明由不同角度的红、绿、蓝三色入射光源组成。圆形照明可在整个视野范围内提供更一致的照明,无论组件高度或密度如何,均可控制亮度和消除阴影。使用可调制波长和投影条纹图案来精确确定 PCB 上图形特征的高度,高度检测范围通常在 1～20mm,检测分辨率为 1μm。

2D AOI 在检测超小型芯片、引线器件和 LED 封装的共平面性方面存在限制,而在极性检测、字符识别、桥梁检测和对齐检测方面比 3D AOI 更有优势。2D AOI 和 3D AOI 的对比如表 1-5 所示。

表 1-5 2D AOI 和 3D AOI 的对比

	2D AOI	3D AOI
优势	成本低	能够测量共面性
	检测速度高	能够计算体积
	能够检查 SMT 和通孔技术	能够检测翘起结构
	能够检查 J 型引脚焊片	误报率低
	能够进行彩色检测	NA
	能够检查高度大于 5mm 的器件	NA
	阴影影响有限	NA
劣势	不能测量共面性	无法进行零件标记
	不能计算体积	成本高
	漏检率高	检测速度低
	误报率高	最高检查高度为 5mm
	NA[①]	不能够检查 J 型引脚焊片
	NA	容易受阴影的影响
	NA	不能进行彩色检测

①:NA:无,Not Available。

根据更严格的表面贴装设备标准,为了提高成品率,实现工艺控制和质量保证,3D AOI 设备需要满足可识别 1～10ppm 或更低的缺陷的需求。3D AOI 能够检查 QFN、J 引线和连接器,并能够检测难以检测的缺陷,如提升引线(Lifted Leads)、墓碑(Tombstones)、反转(Reverses)和高度变化。

最先进的系统会采用一系列四个或四个以上数字多频莫尔投影探头,以产生精确的高度测量数据。模式频率可以通过软件来调节,以达到最终的检测灵活度。还可以使用两个"固定的"频率模式,这些频率模式在某些应用中可能会受到限制。

（二）自动 X 射线检测技术与设备

X 射线成像是 PCB 制造工艺中广泛使用的分析技术。通过透射 X 射线检测来检查区域阵列封装，如柱栅阵列（Column Grid Array，CGA）、球栅阵列（Ball Grid Array，BGA）、芯片级封装（Chip-Scale Packag，CSP）和基板栅格阵列（Land Grid Array，LGA），实现高分辨率、高放大倍数和高对比度的 X 射线图像检测技术的目标。

X 射线检测已成为被普遍接受的控制电路板组件质量和分析隐藏焊点缺陷的方法。其中，有效实施和监控 BGA、CSP 和倒装芯片的回流工艺是关键。

X 射线缺陷检测设备检测的缺陷类型主要包括如下七种。

（1）开路（Opens）：开路通常是由回流不足、球丢失、隆起、流窜或板面污染等原因造成的。

（2）短路（Shorts）：在双面板上，背面的元件可能会出现焊桥。通过沿着 X 轴和 Y 轴旋转电路板，可以看到真实的图像并进行适当的检查。

（3）回流不足（Insufficient Reflow）：回流不足通常更难以发现。没有适当回流的焊点的特性包括在焊点边缘有粗糙的颗粒状外观和不规则的接缝形状。

（4）马铃薯碎片（Potato Chipping）：当一个组件的外边缘从一个焊点翘起时，会导致中心接头由于过热而出现"变平"并且不均匀的现象。当部件的外边缘从垫子上抬起时，就会产生马铃薯碎片，这会导致中心关节由于过热而出现挤压。这个缺陷可以通过在 X 轴和 Y 轴上旋转电路板来发现，通过 X 射线技术可以看到外边缘和拐角焊点的沙漏外观。

（5）空洞（Voids）：通常在没有经过足够长时间回流的板上会出现空洞，它们通常是由无法逸出的助焊剂气体造成的。查看空洞的最好方法是使用较低的电压和电流，而电路板则沿 X 轴和 Y 轴平放。

（6）爆米花缺陷（Popcorning）：指由于潮湿而使包装内部的顶部破裂或脱开。这种缺陷可能会使芯片从衬底上断开，可能会从焊盘上拉出引线或剥离封装衬底。

（7）隆起（Doming）：当包装未被存储在氮气或其他类型的非湿度环境时，隆起是常见的缺陷。隆起效应的特征是球栅阵列（BGA）封装的中心焊点略小于外边缘的焊点。

（三）后道制程中的工艺品质控制检测的整体发展趋势

芯片后道制程中的工艺品质控制检测的发展趋势如下。

（1）3D AOI 缺陷检测能力的提升；

（2）X 射线三维结构检测；

（3）应对高密度基板制造的检测。

第二章

自动化测试设备技术与产品

自动化测试设备（Automatic Test Equipment，ATE）在整个半导体芯片的生产制造中有着十分重要的地位，芯片良品率监控、工艺改善和可靠度的验证都需要通过自动化测试设备来完成。集成电路自动化测试设备是一个结合机械、电器、电子、控制、软件诸多知识而形成的综合化自动设备。相关设备从设计到规模量产需要克服的关键点很多，既需要解决技术上的难题，又必须符合市场的实际量产应用需求，开发极具难度且所需投入巨大。因此，只有研究市场主流需求，明确市场发展趋势，切合半导体市场的实际需求，研发出有针对性的核心设备，才能满足当前及未来国内及国际半导体市场的需求。

一、芯片/模组测试市场需求及发展趋势

目前，物联网是芯片市场增长的一个新的引擎点，少管脚数芯片产品是数量最多、类型最多且应用最广泛的集成电路产品，主要体现在终端芯片市场和智能手机、平板电脑的芯片构成领域。下面以物联网市场的状况对此加以说明。

（1）终端芯片在市场上被广泛使用，其芯片的成本在不断降低。该类芯片的主要特点体现在有射频（Radio Frequency，RF）接口和电源控制，面积更小。芯片的组成包括整合的微控制单元/加速处理单元（Microcontroller Unit，MCU/Accelerated Processing Unit，APU）、低端的 MCU、电源管理类芯片（Power Management IC，PMIC）、无线充电芯片及互补金属氧化物半导体（Complementary Metal Oxide Semiconductor，CMOS）、CMOS 图像传感器（CMOS Image Sensor，CIS）芯片。

（2）智能手机、平板电脑的芯片构成。这类少管脚数的芯片包含了 APU、移动类 PMIC、无线芯片、触控芯片以及 CIS 芯片。

物联网时代终端芯片市场包含了大量的管脚数极少的芯片，这些少管脚数的芯片的平均销售成本非常低。

少管脚数芯片市场的增长趋势呈现两种不同的态势：①稳定的逻辑芯片市场，如标准逻辑芯片、专用集成电路（Application Specific Integrated Circuit，ASIC）芯片、数字信号处理（Digital Signal Processing，DSP）芯片；②由于整合性的提高，MCU/APU 市场呈现高速增长的态势。

物联网中的少管脚数芯片的主要类型是 MCU，其市场占有率如图 2-1 所示。这类芯片的市场占有率保持持续增长。市场上各种应用需求对 MCU 芯片的参数也提出了快速跟进的要求，如管脚数、内存容量、速率、核心处理器及处理器的数量，还有接口、ADC（模数转换器）数位、工作电压、封装及终端应用等。

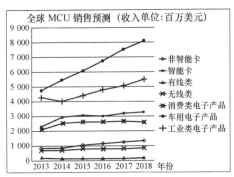

图 2-1　MCU 市场占有率

资料来源：HIS Inc.

为什么MCU市场会持续增长？原因就在于MCU是物联网应用中的核心芯片，并且其广泛应用在车联网、无线穿戴设备、智能家居及其他物联网领域。根据 HIS Inc 的数据统计，相关的应用在 2014—2018 年保持每年 4%的增长。

MCU 市场仍处于成长阶段，各级别的 MCU 需求量将持续攀升，应用范围也将持续扩大。一般而言，在大数据运算与图像影音处理等方面，以 32 位 MCU 为主；在控制类应用方面，进入市场较早的 8 位 MCU 则具备诸多竞争优势。例如，8 位 MCU 产品很早就已进入消费类、医疗用品、工业控制、汽车电子等应用市场，由于其产品稳定、性价比满足消费者需求，至今仍占主导地位。这些已稳定量产的产品，依靠其高安全性和可靠性及成本优势，已成为 8 位 MCU 市场的发展基石。在对价格特别敏感的芯片市场，更能凸显 8 位 MCU 在产品价格上的优势。另外，针对少管脚数、低成本的芯片市场，可测性设计（Design For Test，DFT）及内建自测（Built-in Self Test，BIST）是降低成本的关键因素。由于摩尔定律和高度整合性，测试图像文件数量会不断增长，因此，通过 DFT 来检测芯片的良品率被认为是一种降低测试成本的有效手段。

但是，即使使用了测试图像文件压缩技术，芯片的测试时间随着测试要求的提高依然在不断地增长。根据部分少管脚数芯片的测试方案得到的数据，近年来，典型的 ATE 扫描测试时间的发展趋势如图 2-2 所示。

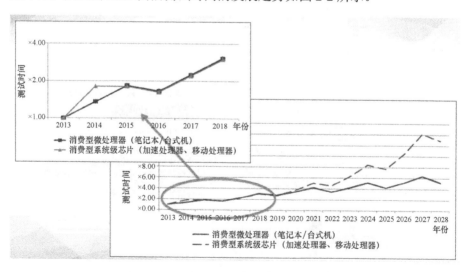

图 2-2 典型的 ATE 扫描测试时间的发展趋势

基于芯片/模组测试市场的需求，ATE 也有了明确的发展方向和一整套从晶圆测试到封装后测试、从验证测试到量产测试的解决方案。针对纯模拟电路，有模拟集成电路测试系统解决方案；针对混合集成电路，有混合集成电路测试系统解决方案；针对纯逻辑电路，有数字集成电路测试系统解决方案。图 2-3 和图 2-4 显示了这些测试系统的发展趋势。

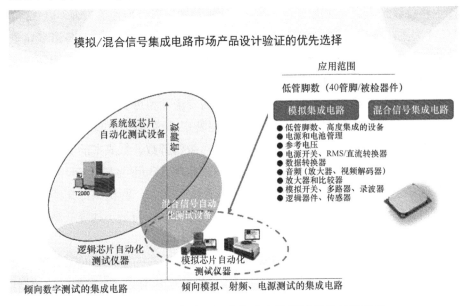

图 2-3　模拟集成电路和混合集成电路测试系统发展趋势

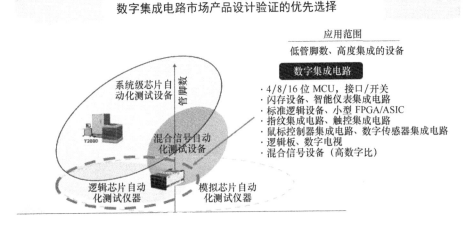

图 2-4　数字集成电路测试系统发展趋势

（一）电源管理类芯片的测试需求及趋势

电源管理类芯片是一种非常重要的芯片。随着智能消费类电子产品的普及，以及电动汽车市场的飞速发展，电源管理类芯片除需要实现更多的功能集成之外，在测试方面也需要满足越来越高的要求。从目前来看，电源管理类芯片的测试需求主要包括以下几点。

（1）高精度校准测试。电源管理类芯片需要为系统中的其他芯片提供工作电源，因此，需要实现单一电源电压到多电源电压的系统转换。随着芯片特征尺寸的不断降低，芯片核心工作电压越来越低。为了确保芯片能始终正常工作，就需要更加稳定和精确的工作电压。电源管理类芯片为了提高输出电压的精度，普遍采用校准补偿的方式，测试并纠正各种输出电压，这就对测试系统的测试精度提出了更高的要求。

（2）大电流测试。在诸如智能手机这样的手持式移动设备中，随着核心处理器数量的增多、特征尺寸的减小，处理器的整体功耗越来越大。与之搭配使用的电源管理类芯片需要具有更高的输出负载能力。这就要求测试系统拥有与之相匹配的高电流驱动及测试能力。

（3）高电压测试。随着电动汽车的飞速发展，电池管理系统相关芯片的测试也越来越受到重视。电动汽车的电池系统通常采用多颗电池串联供电，直流驱动电压可达几百伏特。因此，这部分电源管理芯片，除需满足电压精度和电流负载能力的测试需求之外，还须满足高电压的测试需求。

先进测试平台的电源管理类芯片测试方案，是通过单板多功能来实现性能和量产测试成本之间的平衡。一块单板具有 64 个测试通道，每个通道均可实现高精度直流测试。通道中包含模拟波形发生器和采集器、高电压数字通道，可实现高电压时序测量的目的并满足时间要求。板内共享单元可实现大电流测试、超高精度电压测量和高分辨率模拟波形发生器。

这种单板多功能测试方案可根据不同的电源管理类芯片的测试需求，选择不同类型的测试板卡进行灵活组合及搭配，达到最优的性价比。

（二）CIS 芯片的测试需求及趋势

CMOS 图像传感器（CIS）是一种将光学图像转换为电子信号的芯片，CIS 主要由四个部分组成：光电二极管（PD）、像素设计、彩色滤光片（CF）

和微透镜。光电二极管用于捕捉光，一般用于实现这一功能的是 PIN 二极管或 PN 结器件。最广泛实现的像素设计被称为"有源像素传感器"（APS），通常使用 3～6 个晶体管，它们可以从大型电容阵列中获得或缓冲像素。彩色滤光片用于分离反射光的红、绿、蓝（R、G、B）成分。微透镜从 CIS 的非活性部分收集光，并将其聚焦到光电二极管，该类微透镜通常具有球形表面和网状透镜两种特点。CIS 测试原理如图 2-5 所示。

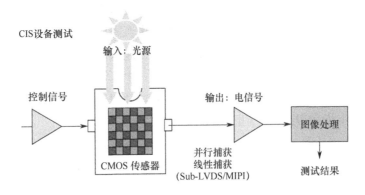

图 2-5　CIS 测试原理

简单地说，CIS 测试就是利用光源照射 CIS 芯片表面，对采集器件输出的数字或模拟信号进行分析，判断 CIS 器件是否有异常。

CIS 芯片的市场状况：随着移动设备、视频监控设备需求的增加，CIS 芯片的出货量以每年超过 10% 的速度增长。手机用 CIS 芯片像素越来越高，超过 2 000 万像素的摄像头已成为高端手机的标配，且数量由最初的一个扩展到前后共四个甚至更多。另外，在视频监控方面，CIS 市场需求也十分旺盛。

CIS 芯片的发展趋势如下：

（1）随着对手机拍摄画质的要求的提高，CIS 芯片像素会逐渐升高，每个像素的面积会进一步缩小，这就需要有先进的工艺来配合。

（2）物联网和人工智能时代，摄像头将成为重要的数据采集接口，并且朝着集成存储器和处理器的方向发展，使 CIS 芯片更智能化。

（3）随着 CIS 芯片像素的提高，需要传输的图像数据量会更大，更高速的串行接口和更多的数据链将会被使用。

（4）受到成本的压力，低端 CIS 芯片将不再进行封装后测试，直接组装好模块后进行系统级测试。

（5）中国的 CIS 芯片设计公司已经有了一定的技术积累，将涉足高端手机摄像头市场。

（三）逻辑/混合信号芯片的测试需求及趋势

近年来，随着先进的制程工艺芯片不断向着更微小的方向发展，知识产权（Intellectual Property，IP）设计的理念更趋于完善，系统芯片（System on Chip，SoC）的集成度不断提升。一款芯片中不但会包含数字逻辑电路、内嵌的存储器单元，同时也会包含高速的数据接口、模拟信号接口，以及射频信号发射和接收（Transmitter Receiver，TR）功能模块。例如，手机基带芯片的功能模块包含了基带 I/Q 信号的接收 ADC（模数转换器）和发送 DAC（数模转换器）、控制外围设备的通用型 DAC、立体声播放 DAC 和接收麦克风输入的音频 ADC。同时，芯片内嵌了数字处理器、存储器单元，以及丰富的各种点对点接口，如 USB、蓝牙等。要对这样的逻辑/混合信号芯片进行全方位的测试，就需要测试设备同时具有数字逻辑测试功能和混合信号测试功能，甚至需要测试设备能够灵活地配置高速接口测试模块和射频信号测试模块，以适应不断出现的新的功能和接口标准。测试要求的提升具体表现在以下几个方面。

（1）测试向量的深度需求显著提高。近年来，台积电、三星、格罗方德在芯片制程工艺方面不断加大投入，鳍式场效应晶体管（Fin Field-Effect Transistor，FinFET）成为进入 16nm 节点后的关键性技术。随着芯片制程技术的加速创新，制程工艺向着 16nm、14nm、10nm、7nm 甚至 5nm 不断加速缩小。相同面积的电路包含了更多的晶体管，同时新的缺陷模型也随着新的工艺而产生。于是，在芯片的测试阶段，更大量的测试向量必须被生成和执行。扫描（SCAN）和自动测试向量生成（Automatic Test Pattern Generation，ATPG）向量测试将占据大部分的测试时间。同时，向量测试的结果记录资料将在新工艺下芯片的良品率的提升方面起到非常重要的作用。因此，提高 SCAN/ATPG 测试向量的运行速率，提升设备记录测试结果的效率，以及加大测试设备的向量存储深度变得越来越迫切。

（2）晶圆级测试的比重提高。除制程工艺的快速创新之外，在封装方面，先进封装技术也在快速发展。全球主要的封装测试厂积极扩充扇出型晶圆级封装（FoWLP）的产能，以满足智能手机市场的需求。根据 FoWLP 在苹果市场上的预测，未来几年，英特尔手机/英飞凌嵌入式晶圆级球栅阵列（eWLB）

封装技术年复合增长率将大于 30%。

这个趋势带来了晶圆测试的巨大需求。在多芯片封装前，最大限度地进行筛选，可以提升已知合格芯片（Known Good Die，KGD）的比率，同时作为对封装工艺的检验，检验重布线层（RDL）到芯片（Die）、芯片到芯片（Die to Die）的连接性，将成为晶圆测试的重要环节。

在晶圆级测试中，也由此产生了更多的对混合信号及射频信号的测试需求。而封装后测试的重要性将会渐渐降低，将会以切割后晶圆测试的形式存在，并渐渐成为对芯片性能筛选的一道关卡。图 2-6 展示了晶圆级测试需求增大后的测试流程。

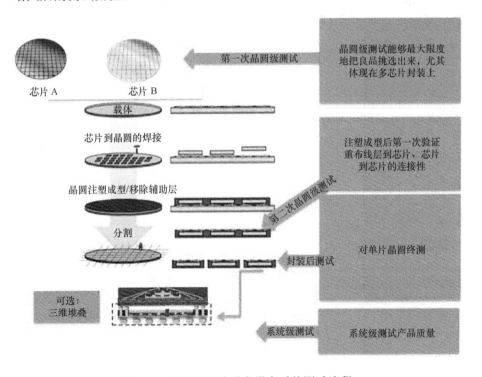

图 2-6　晶圆级测试需求增大后的测试流程

（3）更多的射频及中频信号测试通道，以及更高的带宽和频段。手机芯片一直是半导体芯片市场的一个主要驱动力。随着 4G 技术的不断成熟演进，在移动通信系统长期演进（Long Term Evolution，LTE）的基础上，LTE-A（Long Term Evolution-Advanced）对高带宽、高速率提出了更高的要求。载波聚合与 MIMO（Multiple-Input Multiple-Output）天线技术是 LTE-A 技术速度大大提升的两个关键因素。

而还在发展中的 5G 技术，其峰值网络速率将达到 10Gbps，网络传输速度将比 4G 快 10～100 倍，网络时延将从 4G 的 50ms 缩短到 1ms，从而满足 1 000 亿量级的网络连接，整个移动网络每比特能耗将降低 1 000 倍。这将通过更大规模的天线和更高频段来实现。

随着物联网（Internet of Thing，IoT）的发展，带动了 IoT 类芯片的强劲需求。根据预测，到 2020 年，将有超过 500 亿台物联网连接设备。而 IoT 芯片的趋势是把更多的射频（Radio Frequency，RF）通信标准融入低成本的芯片中。图 2-7 展示了 IoT 芯片对射频标准的测试需求。物联网芯片出货量巨大并且成本要求严格，这将是测试的最大难点。而对测试设备来说，需要提供更多的射频测试通道，提供更高同测数的测试方案，来应对低成本的挑战。

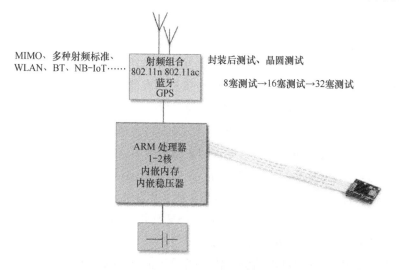

图 2-7　IoT 芯片对射频标准的测试需求

（4）更高的数字速率。随着逻辑/混合信号 SoC 集成度越来越高，扫描链路的加长给整个芯片的测试时间带来了极大的影响。测试业界希望能够把芯片内部扫描的速率从现在的 100～200Mbps 提高到 1Gbps；工业界也已经提出了新的扫描规范（IEEE 1149.6），来支持基于串行解串器（Serializer/Deserializer，SerDes）的扫描通信。

综上，5G 通信技术的推进及大数据的发展，带来了服务器及网络传输对高速数据芯片的巨大需求。因此，测试设备对 10～32Gbps 串行高速接口的物理层测试能力成为了一项重要的技术指标。

（四）存储器芯片的测试需求及趋势

根据不同的应用领域，存储器芯片主要分为传统高速动态随机存取存储器（Dynamic Random Access Memory，DRAM）、闪存及非易失性存储器（NAND & NVM Flash Memory）、移动类电子产品内嵌式存储器（Mobile & Embedded Memory）和固态硬盘（Solid State Disk，SSD）。在信息爆炸的大数据存储时代，随着大容量存储需求的转变，市场需求逐渐从硬盘驱动器（Hard Disk Drive，HDD）转向了 SSD。同时，SSD 的接口协议也进行了升级换代，从 SATA 升级为 SAS，从 PCIe G3 升级为 PCIe G4。由于新型消费终端的兴起，SSD 市场正在快速增长，为了满足新市场的需求，SSD 的物理尺寸等规格参数呈现多样化发展。

（1）DRAM 技术发展趋势：随着制造工艺节点的不断提高，DRAM 制程也将进入 10nm 制程，并朝着提高数据传输性能和降低功耗的路径发展。其中，DDR5 已于 2018 年出样，计划于 2019 年实现量产，其具有更加高速的 I/O 接口、更低的工作电压、更大的带宽和预存能力，8 个组（group）配置 16～32 个逻辑存储库（Bank）。DDR5 的数据带宽能力大约是 DDR4 的 2 倍，而且其还在模组层运用了新的技术。GDDR6 将会超过 GDDR5 的 10Gbps 的数据传输速率，最高可实现 14Gbps 的数据传输率。

（2）NAND Flash 技术发展趋势：NAND Flash 技术节点路线图如图 2-8 所示。可以看出，3D NAND Flash 将成为市场的主流，其主要特点为工艺制程不断微小化；2D 堆叠技术转向 3D；TSV 先进封装工艺技术投入使用，以及单位电子单元内包含更多的电荷层级。

NAND Flash 应用需求的变化体现在工艺制程的微距化、更多的层级单元和 3D 技术；器件接口的高速化追求；基于高速通信传输协议的系统级 NAND 测试，更低的功耗，更强的数据传输性能。

长期以来，作为智能手机和平板电脑等多媒体记忆卡解决方案的嵌入式多媒体卡正在向通用闪存转换。今后，通用闪存有望取代传统的嵌入式多媒体卡，成为新一代的解决方案。

综上所述，存储器芯片测试的主要挑战包括：制程工艺升级和储存器容量提升引起的测试成本上升；存储器内部工艺升级导致关键参数可靠性验证周期变长；由于存储器配置了更高速的传输接口、更微距化的物理尺寸、更复杂的内部分析纠错机能，芯片内部功能的升级也增加了存储器测试的复杂性。

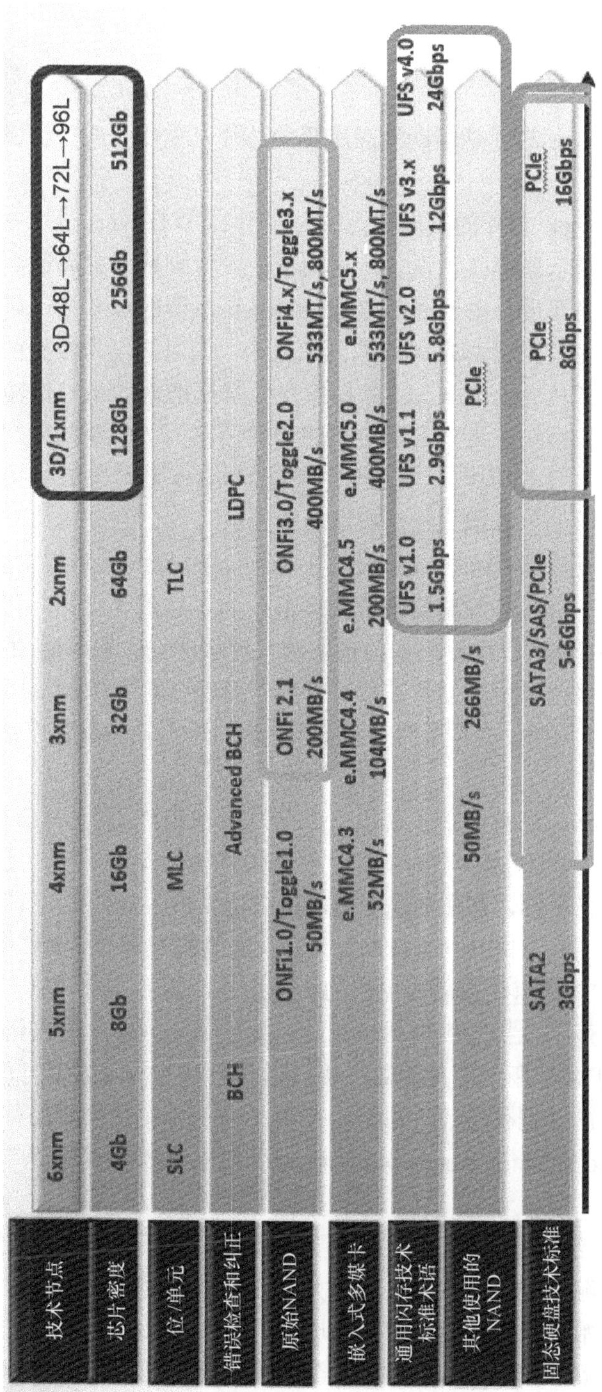

图 2-8 NAND Flash 技术节点路线图

技术节点	6xnm	5xnm	4xnm	3xnm	2xnm	3D/1xnm — 3D-48L→64L→72L→96L
芯片密度	4Gb	8Gb	16Gb	32Gb	64Gb	128Gb / 256Gb / 512Gb
位/单元	SLC		MLC		TLC	
错误检查和纠正	BCH		Advanced BCH		LDPC	
原始NAND	ONFI1.0/Toggle1.0 50MB/s		ONFi 2.1 200MB/s		ONFi3.0/Toggle2.0 400MB/s	ONFi4.x/Toggle3.x 533MT/s, 800MT/s
嵌入式多媒体卡	e.MMC4.3 52MB/s		e.MMC4.4 104MB/s	e.MMC4.5 200MB/s	e.MMC5.0 400MB/s	e.MMC5.x 533MT/s, 800MT/s
通用闪存技术标准术语	UFS v1.0 1.5Gbps		UFS v1.1 2.9Gbps		UFS v2.0 5.8Gbps	UFS v3.x 12Gbps / UFS v4.0 24Gbps
其他使用的NAND	50MB/s		266MB/s			
固态硬盘技术标准	SATA2 3Gbps		SATA3/SAS/PCIe 5-6Gbps		PCIe 8Gbps	PCIe 16Gbps

（五）LCD Driver 芯片的测试需求及趋势

LCD Driver 芯片是驱动液晶屏幕的芯片，主要分成门极驱动和源极驱动两种。

LCD Driver 芯片的发展特点：大屏用 LCD Driver 芯片主要应用于液晶电视、液晶显示器等显示设备，将朝着更多管脚数、更高速数据传输及更高比特数等方向发展。由于液晶电视及液晶显示器的尺寸越来越大，目前单颗 LCD Driver 芯片的管脚数可以达到 720 个。同时，作为数据的输入接口，目前已经完成了从之前的 CMOS 接口向低频摇摆差动讯号传输及低电压差分信号等接口的转换。为了实现更高的传输速率，一些新的数据传输接口，如 PPDS、PPmL 及 FP-LVDS 也将作为 LCD Driver 芯片的数据接口。另外，为了实现更高的颜色表现力，目前市场的主流芯片已经完成从 6 位向 8 位的过渡，有些芯片已达到 10 位或 12 位。小屏用 LCD Driver 芯片主要应用于手机、数码相机、平板电脑等数码消费类产品。为了达到高度集成化及多功能化，此类 LCD Driver 芯片集成了门极驱动、源极驱动、SRAM 存储器、DC-DC 转换器、晶振时钟发生器等芯片，通常又称为 LCD 控制器驱动。由于多类芯片的高度集成化，有些 LCD 控制器驱动的输出管脚数甚至达到了 3 000 个以上。

LCD Driver 芯片目前呈现以下三个发展趋势。

（1）LCD 的管脚数不断增加。不管是移动设备显示屏，还是显示器或者液晶电视的显示屏，都在向高分辨率的方向发展。2017 年主流的液晶屏幕是 HD720 及 FHD，对应的 LCD Driver 芯片的管脚数超过 3 000 个。

（2）LCD 高速接口需要更快的传输速率。随着屏幕像素点的增加，芯片传输的数据量呈现指数级别的增长。但为了节省成本，数据链路在不断地缩小，这就要求显示驱动芯片的数字接口达到更高的传输速率。目前大屏用 LCD Driver 芯片的数据传输速率可能会超过 6Gbps，中小屏用的移动产业处理器接口（Mobile Industry Processor Interface，MIPI）的数据传输速率将达到 2Gbps 以上。

（3）触控和显示芯片的整合度要求更高。最初智能手机的屏幕分成 TFT 液晶屏幕和触摸屏幕两大部分。但是由于消费者对于更薄的机身的喜好，芯片设计者开始逐渐对触摸屏和显示屏进行整合。所谓的 In-Cell 屏也就形成了，即在一个面板上实现了触摸和显示。对于整合了触摸芯片的 LCD Driver，对传统的 LCD Driver 测试机台提出了需要提供任意波形发生器（Arbitrary

Waveform Generator，AWG）和数字斜坡（DC ramp）波形发生器等资源的要求。触摸控制和显示芯片的整合趋势如图 2-9 所示。

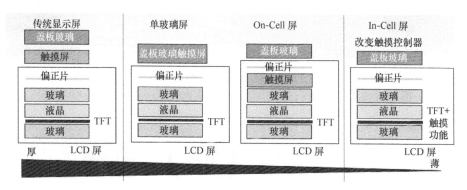

图 2-9 触摸控制和显示芯片的整合趋势

目前，智能手机的触控和显示功能由两块芯片独立控制，而触摸与显示驱动集成（Touch and Display Driver Integration，TDDI）最大的特点是把触控芯片与显示芯片整合进单一芯片中。TDDI 最早由人机界面厂商 Synaptics 提倡，并于 2015 年 3 月推出针对手机和平板电脑的 TDDI 解决方案，成为全球首个 TDDI 产品。TDDI 带来的是一种统一的系统架构。在原有的系统架构中，显示芯片与触控芯片是分离的，导致存在一些显示噪声。由于 TDDI 实现了统一的控制，在噪声的管理方面会有更好的效果。这一技术实现难度较大，目前仅有少数面板厂商投入生产。有报道称苹果也正在为 iPhone 开发 TDDI 单芯片解决方案。

作为新一代显示触控技术，TDDI 具有如下优势。

（1）一流的性能。提升整体感应的灵敏度，减少显示噪声，提供一流的电容式触控性能。

（2）更薄的厚度。触控传感器集成到显示器中，可以使屏幕更薄，满足了手机薄型化的设计需求。

（3）更亮的显示器。触控屏层数减少，进一步提升了面板透光率，可以使显示器更明亮，或者在亮度不变的情况下，使电池寿命更长。

（4）更低的成本。为设备制造商减少了组件数量，消除了层压步骤，提高了产量，降低了系统总成本。

（5）简化供应链。只需从一个厂商获得触控和显示产品，简化了设备制造商的供应链。

二、ATE 自动测试机械手的现状及发展方向

为了满足终端用户多种多样的需求，使产品在竞争中脱颖而出，元器件制造商不断追赶新的技术潮流，如今每年都会产生超过 100 种新的芯片封装形式。芯片封装形式的发展趋势如图 2-10 所示。

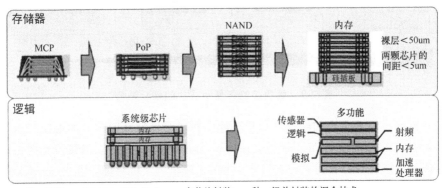

注：MCP——Multiple Chip Package，多芯片封装，一种一级单封装的混合技术；
PoP——Package on Package，元件堆叠装配，一种堆叠封装工艺。

图 2-10　芯片封装形式的发展趋势

目前的半导体产品在回路设计和封装形式上变得日益复杂，且一直要求在量产应用中采用温度波动大的测试环境，芯片封装形式的变化如图 2-11 所示。半导体测试与机械手设备必须与时俱进地满足这些条件，使自身既能适应频繁变更的封装形式，也能满足日益增长的高同测数与高产能需求。

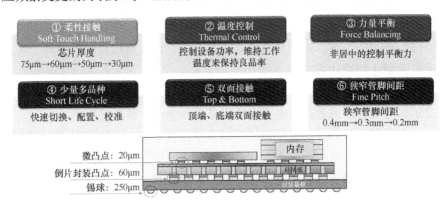

图 2-11　芯片封装形式的变化

为了实现高品质的测试环境，并且达到最优化和自动化，目前市场上的自动测试机械手基本都能实现以下功能：

（1）多被测器件（Device Under Test，DUT）同测，SoC 机械手设备同测数达到 32，MEM 机械手设备同测数达到 512/768。

（2）高产能、低堵塞率。

（3）测试接触压力提升，对应更多引脚的芯片测试需求。

（4）连续 Lot（指一批晶圆）功能，Lot 间可以不停顿地连续工作，减少等待时间。

（5）自动重测功能，不良品率可以自动重测，减少操作时间。

（6）自动芯片测试夹具清洁功能，使良品率得到提升。

（7）更友好的人机交互软件，有充实测试机功能和解决问题的帮助文档、报警解除向导，以及可以实现生产数据的上传、下载，以及与 PC/手机的联网。

但是随着 IC 技术的迅速发展，针对以下两个问题，只有少数的机械手能够提供配套的解决方案。①间距为 0.2mm，甚至更小间距的狭窄管脚，使得芯片吸放及与测试夹具的管脚接触时的精度要求提高，传统的机械对准方式会使良品率降低。②高集成芯片的功耗倍增、封装复杂及管脚增多，使得芯片自身的温度大幅上升，传统的测试温度控制方式已经无法准确检测并模拟芯片周围甚至其内部的温度。

因此，未来的 ATE 自动测试机械手的发展将侧重于新型对准技术及主动温度控制。

（1）影像对准。利用照相机的影像对准技术，可以精确抓取和放置狭窄管脚芯片。同时，由于影像对准取代了传统的机械对准，对于不同大小的芯片，可以使用同一影像对准，从而降低设备的购买及运营成本，并可以快速设置，避免芯片边缘受到换料载具撞击而破损。相较于传统的机械对准，影像对准有更高的准确率和精度。

（2）主动温度控制。传统的机械手温控技术采用的是热对流的方式，但存在温度精度低、升降温用时长等较为明显的缺点。因此，技术的革新是势在必行的。

新型的机械手温控技术采用的是热传导的方式，相较于传统技术，其温度控制精度高，升降温耗时短。其中，较为先进的一种技术是采用双液循环温度扩散的方式，主要特点如下。

- 温度控制精度为±1℃，在−40～125℃范围内。
- 支持反馈温度控制，可以从芯片的管脚上获取芯片内部的温度，并反馈给机械手。
- 延长了低温连续工作时间。
- 减少了温度切换时间，使温度升降温时间不超过 3 分钟。

三、模拟及电源管理芯片 ATE 设备发展现状及趋势

根据用途不同进行分类，模拟及电源管理芯片可以分为汽车电子芯片、通用模拟芯片和低端模拟芯片。

模拟芯片测试设备供应商的特点：汽车电子芯片测试设备市场主要被爱德万及泰瑞达占据，这部分产品测试难度高、测试项目多，对机台精度及测试设备稳定性的要求异常严格。在通用模拟芯片测试设备领域，世界各主流测试设备供应商都有参与，通过在现有 SoC 测试机上添加模拟板卡，就可以扩展模拟测试功能。由于 SoC 测试设备不是单独针对模拟芯片设计的测试机，因此成本偏高，适合高附加值的产品测试。在低端模拟芯片测试设备领域，参与厂商较多，由于芯片产量较大且售价较低，因此对测试成本极其敏感，多为模拟专用测试设备，国内 ATE 厂商在该类型的测试设备领域有较深的参与。

电源管理芯片的市场趋势：由于手持设备、移动设备及无线设备需求量爆发，此类设备对电源管理的需求较高，因此带动了电源管理芯片的市场发展。由于智能家居、物联网、自动化控制的应用逐渐完善，导致工业用模拟芯片也有较强劲的需求。由于新能源汽车已被市场广泛认可，销售量逐渐扩大，这部分应用导致汽车电子芯片有较大的增长。随着汽车安全配置逐渐增多，需要更多的芯片来控制相应的功能，如气囊、ESP、ESC 等。伴随着自动驾驶技术和人工智能技术的发展，汽车电子芯片的响应速度须更快，汽车内部的网络速度和带宽需要支持更低的延迟，这部分需求也推动了汽车电子芯片的发展。同时，政府推行绿色照明政策，鼓励和推动市场采用 LED 照明技术，因此 LED 照明成为 LED 驱动 IC 最大的市场。

这是一个功率半导体的时代，功率半导体是节能减排技术的基础，是电力控制的核心元器件。预计至 2030 年，中国集成电路市场规模占全球集成电

路市场规模的比例将达到 43.35%～45.64%，中国将成为世界上最大的 IC 产业链设计、制造基地，在诸多优势领域达到世界先进水平。

现阶段，虽然国外厂商的模拟和电源管理芯片测试设备技术优势明显，中高端产品市场份额主要被美国和日本厂商占据，但随着国内模拟芯片设计公司的发展，国内测试设备供应商也将占据一席之地。

四、逻辑/混合信号 ATE 测试系统的发展现状及趋势

在全球 ATE 市场上，提供逻辑/混合信号测试 ATE 机台的企业主要有爱德万（Advantest）、泰瑞达（Teradyne）及 Xcerra 三家公司。爱德万的逻辑/混合信号测试机台主要有 93K 和 T2000 两个平台，泰瑞达代表性的机型有 UltraFlex 和 J750，而 Xcerra 旗下的 LTX Credence 则有 D10 和 Diamond X 系列机型。这些主流的测试平台提供了可配置的开放式框架，用户可以根据测试芯片的需求，灵活配置各种测试板卡，以应对逻辑、混合信号及射频信号等各种不同的测试需求。

（1）数字通道资源是逻辑/混合信号机台的主要模块，单一板卡可提供 64～256 个通道、100Mbps～1.6Gbps 的数字逻辑测试能力，可以应对低速扫描/自动测试向量生成等功能向量测试需求，可满足普通消费类电子测试的需要。另外，多种可选择的板卡模块能够灵活配置于不同型号的测试机头中。

（2）在电源类测试板卡方面，一块板卡可提供 32～128 个 DPS（Device Power Supply）通道。有的板卡可提供±80V 的电压和 10μV 的电压测量精度。另外，多达 64 个通道都可以作为模拟信号的任意波形发生器和数字采样器来使用，极大地提升了测试能力和同测效率。

（3）混合信号部分，先进的板卡可提供 16 路 AWG 和 16 路数字采样器，分别应对 24bit 高精度 ADC/DAC 测试需求，以及高达 300MHz 的高速中频基带信号测试需求。

（4）射频测试部分，一块板卡就提供了 32 个通道（RF Port）的射频接收和发送测试能力。

通过灵活配置测试板卡资源，一个逻辑/混合信号测试平台可以覆盖从纯数字逻辑芯片，如图形处理器（GPU）、应用处理器（Apps Processor）、网络

处理器（Network Processor）及 FPGA，到数模混合芯片，如手机基带芯片、数字电视机顶盒 DTV/STB 和调制解调器，再到各种标准的射频类 SoC，如 3G/4G 信号、WLAN、蓝牙及 ZigBee 等多种测试需求。

未来逻辑/混合信号 ATE 测试系统的发展趋势如下。

（1）单一可拓展配置的平台方案。现代的逻辑/混合信号 ATE 测试系统的一大特点是单一平台——在一个测试平台上提供多种不同测试需求的解决方案。通过可扩展资源的架构，由各种不同功能的软、硬件模块组合成所需要的测试机台配置。这种模块化架构的优点在于系统灵活，拥有持续升级的可能性；便于硬件更换和升级，测试系统升级配置的投资可实现最小化；可以减少人力成本，且升级后沿用同一平台/环境，测试人员可以很快熟悉新系统。

这种针对多样化的产品群体、具有可以灵活应用的模块化结构的测试系统，可以利用相同的技术环境，实现产品开发方面的高性能化及批量生产方面的低成本化。通过不同级别模块的开发，完善可提供的解决方案，同时有效缩短开发时间。

（2）不断降低测试成本。测试成本也是逻辑/混合信号 ATE 一个不可忽略的指标。芯片市场日新月异，芯片开发商对成本与市场价格相当敏感，更好的成本控制无疑能提高芯片的竞争力。随着芯片技术的日趋完善，采用更大尺寸的晶圆及制作更小尺寸的芯片，是芯片市场的必然趋势。但同时测试所占的成本比例却在不断提高。因此，降低测试成本也成为芯片开发商越来越关注的焦点之一。对于选择 ATE 测试机台而言，在资源满足要求的前提下，更高的同测数、资源密度及性价比将是最佳的选择。另外，测试系统的每个测试通道最好有各自的独立作业能力，以及模拟/数字/DC 电流电压测量等多个功能，以便能够灵活地应用在各种不同的芯片的测试方案中。

与此同时，ATE 平台通过软件许可的方式，控制相同的 ATE 硬件资源灵活地在不同性能区间开放，从而可以更好地应对整个逻辑/混合信号芯片测试市场的不同价格需求。此外，节能环保也是一个重要的趋势。低耗能的 ATE 机台设计，能够为工厂和客户节省不小的开支。

（3）测试时间（Test Time）的优化。测试时间是成本的重要一环。

首先，扫描链路（Scan Chain）的加长给整个芯片的测试时间带来了极大的影响。目前业界有通过提高芯片内部扫描速率来降低测试时间的趋势。

其次，并发测试（Concurrent Test）也是复杂的多 IP 核 SoC 芯片测试的一个趋势。并发测试的原理是使一颗芯片中不同的功能模块并行地进行测试，不但能够节省测试时间，而且能够更好地在测试环节模拟真正的芯片运行环境。并发测试的原理如图 2-12 所示。

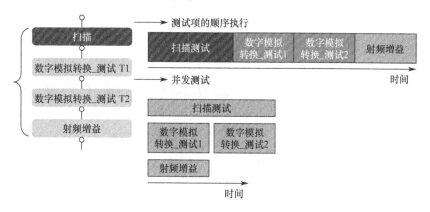

图 2-12　并发测试的原理

并发测试不但需要在芯片设计阶段就考虑这种测试需求，而且也对 ATE 设备提出了很高的要求。ATE 的每个通道需要有独立的作业能力，同时也应能够非常灵活地处理并发的数据传输和计算。在软件层面，编程工具需要能够提供足够强大的功能，让用户能够通过简单编程来设置各个芯片模块的测试条件。

适应性测试就是在生产过程中，应用一个批次晶圆的数据来动态地调整整个测试流程，最终实现减少测试时间并提升测试质量的目标。

（4）优化上市时间（Time to Market，TTM）的开发环境和方案。现今市场竞争激烈，对于 ATE 测试机台而言，在满足资源要求的前提下，能否为芯片设计公司提供最优的 TTM 解决方案，也越来越受到重视。

测试的开发周期及准确的调试反馈也是需要考虑的因素。在保证测试质量的前提下，应迅速制定测试方案，快速编写测试程序，迅捷地上线调试，并及时、准确地进行测试反馈，最终进行量产测试。

五、存储器 ATE 测试系统的发展现状及趋势

根据芯片的种类，我们主要关注 DRAM 和 Flash 两大类存储器。其中，DRAM 的 ATE 测试系统的发展趋势：更高的速度以应对 DDR/LPDDR 4 的全

速测试需求；更高的同测数，直到可以支持 512 site 同时测试；更高级的功能，支持 DQ/DQS 测试和硬件冗余校验等。

而 Flash 的 ATE 测试系统的主要发展趋势：晶圆测试和终测统一平台，全 I/O 结构满足测试灵活性的要求；全面覆盖 LPC/SPI Nor Flash 和 Nand Flash 的测试要求，以及同测数达到 2 000 site 及以上。

六、LCD Driver 测试系统的发展现状及趋势

不断发展的 LCD Driver 芯片，由于其功能不断增强，性能不断提高，对 LCD Driver 芯片的测试系统也提出了更高的挑战。归纳起来，主要可以分为以下几个方面：多管脚芯片的测试应对、高速 I/F 的测试应对、高灰阶输出采样应对、提高测试效率和模拟测试能力。

同时，基于 LCD Driver 芯片整合性更高的特点，对 LCD Driver 芯片测试的机台也提出了一站式的测试要求。针对数组管脚及 LCD 管脚，屏幕像素点的增加也带来了更多管脚测试通道的要求，有些芯片的 LCD 管脚数甚至达到了 3 000 个以上。

另外，像素点的提高对于数据链路的传输也提出了更高速的要求。例如，需要测试机台提供测试 MIPI 接口的能力。对于大屏的 LCD Driver 芯片，接口速率甚至会超过 2.5Gbps。

同时，针对 TDDI 芯片，要求传统的 LCD Driver 测试机台还要具备模拟测试的能力。

目前最先进的 LCD Driver 的 ATE 具备以下能力。

（1）充足的测试资源及高同测能力。I/O 通道最高可以达到 1 024 个，LCD 最高可以配置 3 584 通道，RVS（参考电压源）最高可以达到 128 通道，最多可以进行 32DUT 同测。

（2）高速数据传输接口。1024 I/O 通道的最高速率可以达到 1.6Gbps，并且支持差分数据的输入；差分数据的输入高低电压差可以达到 50mVp-p；UHS-II 板卡提供 32 对高速差分对，最高支持 6.5Gbps。

（3）高精度数据采样器：提供了高精度的数字采样器以应对 10bit 及以上的 LCD Driver 芯片。系统本身的数字采样器的精度达到了 16bit。同时，使用伽玛参考模块的差分模式，可以把数字采样器的精度提高到 19bit，满足 10bit

以上芯片的 LCD 管脚输出的分辨率最小达到 1mV 的测试要求。

（4）每个管脚的数字采样器。每个 LCD 的输出通道上都有一个高精度的数字采样器来对 LCD Driver 芯片的输出进行采样，保证芯片的所有输出管脚在同一时间进行数据采样，提高灰度测试及 LCD 输出测试的效率。

（5）每个管脚高压直流。每个 LCD 的输出通道上都有一个高压测试单元用于对芯片的 DC 参数进行测试。由于使用了 Perpin 结构，可以在同一时间进行 LCD 输出的 DC 参数测试。同时，由于 Perpin 的特点，在进行 LCD Driver 芯片的开路/短路（OPEN/SHORT）测试时，可以提高 DC 测试方法的效率。

（6）硬件计算功能。系统内部有硬件计算模块，可以对数字采样器采样后的数据直接通过硬件集成算法进行计算，大大缩短了采样后数据的计算时间，计算后的数据再传回测试控制器（Tester Controller，TC），以便于下一步的处理。由于庞大的数据量在经过硬件计算后再进行传输，传输时间也被缩短。硬件计算前后的数据传输时间比较如图 2-13 所示。

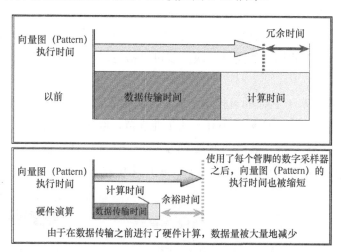

图 2-13　硬件计算前后的数据传输时间比较

（7）独立 Pattern 输入功能。在进行多芯片同测时，在部分情况下需要对不同的 DUT 输入不同的 Pattern。这在之前的测试系统上是无法实现的。系统提供了独立 Pattern 输入功能，可以在同测时对不同 DUT 提供不同的 Pattern 输入，提高了同测的测试效率，从以前的串行测试变成并行测试，可以节省 75% 的测试时间。

七、其他定制化专用集成电路测试设备发展的方向及趋势

随着集成电路设计、工艺、封装技术的不断发展，在单个芯片上可以集成上亿个晶体管，时钟频率高达数十 GHz。同时，集成数字电路、模拟电路、先进封装技术等使得电路引出端数量增加，管脚间距越来越小，这些给集成电路测试的成本控制带来了巨大的挑战。此外，随着半导体芯片测试复杂度的增加，对 ATE 的灵活性也提出了更多的要求。一方面，传统的 ATE 设备供应商会不断地推出模块化的板卡，以提升测试设备的灵活性和针对性，适应芯片的测试需求，降低客户的测试成本；另一方面，这些 ATE 设备只能使用供应商自己的板卡，并不兼容其他测试供应商的任何板卡，各供应商使用的测试程序开发语言和环境也完全不同。因此，无论是硬件方面，还是软件方面，每家的 ATE 设备其实都是一个完全封闭的测试系统，不具有兼容性。

一些测试设备供应商基于这一点，推出了一种完全开放的测试系统概念，只要采用同一工业标准的测试模块，就可以搭建出各种各样满足产品测试需求的 ATE。

NI 公司的基于 PXI 的可扩展测试系统如图 2-14 所示。PXI 于 1997 年由 NI 开发，于 1998 年成为一种开放的工业规范，经过多年的发展，已经成为主流的测试仪器标准。其核心产品 STS 系统（半导体测试系统）主要由三部分构成：PXI 机箱、PXI 控制器和 PXI 模块化仪器。

STS T1 系统
内部集成1个18槽的PXI机箱

STS T2 系统
内部集成2个18槽的PXI机箱

STS T4 系统
内部集成4个18槽的PXI机箱

图 2-14　NI 公司的基于 PXI 的可扩展测试系统

PXI 机箱支持多种配置，如低噪声、高运行温度及数量不等的插槽，同时 PXI 机箱还提供不同的 I/O 模块插槽类型，集成 LCD 显示器等多种外设，并通过优化的电源设计、散热设计等进一步确保自身性能及稳定性。

PXI 控制器使用 Windows 操作系统，集成了硬盘驱动器、内存、以太网、视频、USB、GPIB 和其他外围设备，可预装软件和驱动程序。

凡是满足 PXI 标准的测试仪器，均可以作为一个模块安装到 STS 系统当中。目前 STS 系统可安装来自 70 多家设备商的 2 000 多种产品，其中 NI 公司可以提供 300 多种不同的 PXI 模块，覆盖大部分测试应用。换言之，用户采用此类设备，可以从这 2 000 多种测试模块中，搭配出自己需要的测试功能，在一定程度上提高了测试的灵活性和故障覆盖率。随着产品的不断升级，客户也能够通过添加或更换模块来扩展测试平台，以满足不断增长的功能需求。

开放的模块化架构使得用户能够使用最前沿的 PXI 仪器，这是采用传统的具有封闭结构的 ATE 难以实现的。这对于 RF 和混合信号测试尤为突出，因为最新的半导体技术要求的测试覆盖率往往超过了传统 ATE 的能力。例如，目前几十 GHz 的 RF 测试在 ATE 上还无法通过独立的板卡实现，而在 PXI 仪器上则有很多选择。一些高速、高精度的模拟测试模块也是同样的情况。另外，在协议测试方面，面对当今种类繁多的各种协议，传统的 ATE 也无法做到及时地满足需求，而 PXI 仪器则有各种专用的协议测试产品。

从软件系统来看，PXI 采用 LabVIEW 作为编程系统，LabVIEW 最初就是为测试测量设计的，测试测量也是现在 LabVIEW 最广泛的应用领域。经过多年的发展，LabVIEW 在测试测量领域获得了广泛的认可。至今，大多数主流的测试仪器、数据采集设备都拥有专门的 LabVIEW 驱动程序，当然也包括 PXI 模块。使用 LabVIEW 可以非常便捷地控制这些硬件设备。同时，用户也可以十分方便地找到各种适用于测试测量领域的 LabVIEW 工具包。这些工具包几乎覆盖了用户所需的所有功能，用户在这些工具包的基础上进行再开发就容易多了。有时甚至只需简单地调用几个工具包中的函数，就可以完成一个完整的测试测量应用程序。

当然，这种定制化的专用集成电路测试设备相对于传统的 ATE 有其独有的优势，但同时也存在一定的问题。模块的广泛选择在带来灵活性的同时，也带来了稳定性的问题。不同厂家的模块搭配在一起的可靠性是无法和传统的 ATE 厂商通过多年积累、优化形成的可靠性相比的。尤其在模块数量增多的情况下，可靠性问题尤为突出。

在测试时间方面，某些仪表并未针对测试时间进行太多的优化，因此，在测试时间方面还存在一定的劣势。另外，在程序开发方面，由于可能涉及的模块厂商众多，供应商几乎无法像传统 ATE 厂商那样提供从开发到量产的一站式服务，这对用户独立的程序开发能力也提出了更高的要求。

综上所述，目前定制化的专用集成电路测试设备主要用于设计、实验阶段，有些也在不努力将其发展为广为接受的量产测试机，但如何真正实现从实验室到量产测试的跨越，还有较长的一段路要走。

八、SLT 测试技术的特点及行业发展前景

除 ATE 测试之外，系统级测试（SLT）也是芯片测试中经常采用的一种测试方法。它通常采用评估板和各种外围设备搭建出一个类似芯片实际工作的环境，再加上一些应用程序，来检验整个系统是否能够正常工作，因此，这种测试被称为系统级测试。举个最简单的例子，在 CPU 芯片测试时，可以把芯片直接安装到主板的插座上，搭配好内存/外设，启动一个操作系统，然后用烤机软件测试，记录结果并进行比较，并以此来判断芯片功能是否正常。

与 ATE 测试相比，SLT 具有以下优点。

（1）与 ATE 测试互为补充，以提高芯片测试覆盖率，更有效地保证芯片的质量。例如，一些比较复杂的协议测试，在 ATE 上很难完成，但在系统环境中，则可以方便地实现。

（2）当芯片需要划分等级时，可以通过 SLT 更有效地定义各个等级的参数指标。

（3）与昂贵的 ATE 测试机相比，能够以更低廉的测试成本完成功能测试。

（4）可以检测芯片的实际功耗状态。

在经过了所有测试环节之后，因为故障覆盖率的问题，有时仍然会有一些芯片最终在用户的系统环境中失效。SLT 系统可以很快地模拟出失效时的环境条件，从而添加新的测试项目，筛选出同类的失效芯片。

当然，SLT 也存在一些不足，如测试时间过长、大规模量产时缺乏灵活性、无法保证全面的测试等，因此 SLT 只能作为整个芯片测试环节的一个补充。

随着测试成本控制要求的不断提高,目前可以看到 SLT 有以下发展趋势。

（1）SLT 逐渐向 ATE 平台迁移。

在 ATE 平台上实现 SLT 其实早有先例,如在晶圆测试和终测环节,在探针卡或负载板上增加一些诸如存储器等外围电路。如今,随着 ATE 的出现,之前很多只有 SLT 才能实现的功能,现在可以在 ATE 上方便地实现。在 SLT 中,很多功能的测试实际上是和各种外围设备的协议交互,当 ATE 能够提供各种协议后,就可以模拟外围设备进行各种应用程序的模拟测试。

在 ATE 上实现尽可能多的 SLT,不仅能有效减少整个测试环节的时间,还能减少 SLT 环境所需的各种外围设备的数量,从而有效降低设备成本,同时提高终测的良品率。以最有代表性的 ATE 公司的主力测试平台为例,该平台具有 PA-Aware 功能,可以很方便地实现诸如 I^2C、JTAG、SPI 等简单协议测试,且具有高速板卡,可以实现 PCIE3.0 等复杂协议测试,还可以模拟 Flash、DDR、SRAM 等多种存储器,因此,在 ATE 上实现大量 SLT 已越来越被广泛接受。图 2-15 是一种典型的 SLT 测试方案。

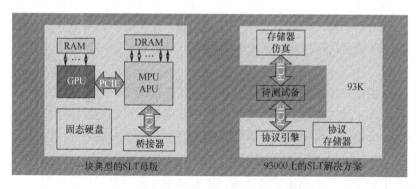

图 2-15　一种典型的 SLT 测试方案

（2）SLT 系统测试机集成化。

传统的 SLT 系统通常由客户自己搭建,即使针对同一类芯片,不同客户搭建的 SLT 系统也会不一样,甚至同一个客户,针对同一种芯片搭建的 SLT 系统也可能有不同配置。一方面,这些系统集成度、稳定性较差,缺乏通用性,无法扩展升级,没有统一的编程方法;另一方面,由于系统由客户搭建,在发生故障时,也很难得到有效的支持,这给工厂大规模量产带来了诸多问题。

针对这些问题,部分 ATE 厂商推出了类似 ATE 的 SLT 测试机。专门针对某一类型的芯片进行 SLT。SLT 测试机高度集成了所需的测试资源，可以做到很高的并行度，并且可以扩展。专门优化的系统架构远比自由搭建的架构更加稳定，并且允许通过软件编程来满足不同的测试需求，对各客户的产品测试需求都有良好的适应性。

例如，爱德万的 MPT3000 就是一款专门针对 SSD 存储器的 SLT 测试机。其有多种型号可以分别满足工程测试以及量产的需求，客户可以在工程机台上开发测试程序，然后在量产机台上进行大规模量产。其拥有高达 12Gbps 的通信能力，支持 SAS、SATA 及 PCIE 等多种协议，并可以支持多达 256 site 的同测能力。

九、指纹芯片/模组的测试发展趋势

指纹是人体具有的独一性生物特征，由于其唯一性和便利性，目前已经广泛应用在考勤机、门禁、智能手机等领域，并逐渐向智能门锁等新兴产业延伸，包括电子锁、汽车（门）、笔记本电脑、平板电脑、智能卡、智能手表/手环、移动硬盘、遥控器、摩托车/自行车、POS 机、USB 闪存、车钥匙、自行车锁等。

指纹识别技术很重要的一个评价指标就是准确率，而提高指纹识别准确率的核心在于能否更准确、高效地采集指纹图像。目前指纹识别技术主要有三种：光学识别、电容识别和生物射频识别。

（1）光学识别是应用得比较早的一种指纹识别技术，以前很多的考勤机、门禁采用的都是光学指纹识别技术，主要利用光的折射和反射原理。光学识别的缺点在于对使用环境的温度和湿度都有一定的要求，并只能到达皮肤的表皮层，而不能到达真皮层，另外，受手指表面清洁度的影响较大。如果用户手指上粘了较多的灰尘或者较湿润，可能就会出现识别出错的情况，并且容易被假指纹欺骗。对于用户而言，使用起来不是很安全和稳定。

（2）电容识别利用硅晶元与导电的皮下电解液形成电场，指纹的高低起伏会导致两者之间的压差出现不同的变化，借此可实现准确的指纹测定。该方式适应能力强，对使用环境无特殊要求，同时，硅晶元及相关的传感元件对空间的占用在手机设计的可接受范围内，因而使得该技术在手机端得到了比较好的推广。目前的电容式指纹模块分为划擦式与按压式两种，划擦式虽然占用体积较小，但在识别率及便捷性方面有很大的劣势，这也直接导致厂商都将目光锁定在了操作更加随意、识别率更高的按压式（电容）指纹模块上。不过电容传感器对手指洁净度的要求也是比较高的（相对光学式要低一些），而且传感器表面使用硅材料，比较容易损坏。

（3）生物射频识别是通过射频传感器发射微量的射频信号，穿透手指的表皮层，获取里层的纹路信息。相对于光学识别和电容识别来说，生物射频识别对手指的洁净度要求较低，可以产生高质量的图像，而且通过减小传感器面积，可以降低一定的成本。目前射频传感器主要应用在各种小型化的移动设备当中。不过，由于需要主动发射信号，所以其功耗相对较高。

指纹识别芯片的产业链可以分为两大环节。一是芯片传感器电路方案和算法设计；二是指纹识别芯片传感器的制造、封装及模组制造。

目前，国外的指纹识别芯片设计厂商主要有 AuthenTec（2012 年被苹果收购）、FPC、Synaptics 等几个国际大厂。中国台湾地区的指纹识别芯片设计厂商主要有神盾公司、义隆电子股份有限公司、敦泰电子股份有限公司等；中国大陆地区的指纹识别芯片设计厂商主要有深圳市汇顶科技股份有限公司、苏州迈瑞微电子有限公司、成都费恩格尔微电子技术有限公司、深圳信炜科技有限公司、深圳芯启航科技有限公司、深圳贝特莱电子科技股份有限公司、上海思立微电子科技有限公司、北京集创北方科技有限公司、比亚迪股份有限公司等十多家企业。指纹识别芯片制造厂商主要有中芯国际集成电路制造（上海）有限公司（以下简称"中芯国际"）、台积电（中国）有限公司、联华电子股份有限公司、Magnachip、华润上华科技有限公司、世界先进积体电路股份有限公司、上海宏力半导体制造有限公司、格罗方德半导体股份有限公司等大型晶圆制造厂。封装环节根据传感器方案而定，如按压式蓝宝石方案采用晶圆级封装，由国内天水华天科技股份有限公司（以下简称天水华天）、苏州晶方半导体科技股份有限公司（以下简称晶方科技）、长电科技股份有限公司（以下简称长电科技）封装，硕贝德科阳有限公司（以下简称硕贝德）的 3D 封装也属于此种工艺。模组制造与摄像头模组有相近之处，目前欧菲光有限公司（以下简称欧菲光）、硕贝德、昆山丘钛微电子科技有限公司等已积极布局。在封装与模组整合的趋势下，封装环节（天水华天、晶方科技等）、模组环节（欧菲光等）有互相渗透的趋势。

在移动终端应用方面，按压式指纹识别方案会是主流；指纹识别置于正面，才能有更好的用户体验；隐藏式指纹传感器（Invisible Fingerprint Sensor,

IFS）可能成为 Android 手机实现指纹识别功能的主流方式之一。从指纹识别市场的趋势来看，智能手机的市场会持续增长，在智能卡方面的应用在 2018 年迅速增长，电脑市场也会继续维持缓慢增长水平。

指纹识别芯片的测试方案和发展趋势：目前市场上针对指纹识别的 ATE 方案主要有爱德万公司的 V93K 和 Chroma 公司的 3380 等。以前者为例，整个平台提供了可配置的开放式框架，用户可以根据测试芯片的需求，灵活地配置各种测试板卡，针对指纹识别芯片，采用 PS1600 数字板卡和 DPS128 电源板卡配合最小的 ATH 测试头，就可以提供 16 site 同测的测试方案。尤其是对于某些电源要求不高的应用，只需要一种板卡 PS1600 就可以满足测试需求。这里使用了 PS1600 的通用管脚功能。通用管脚功能是指 PS1600 的通道可以实现数字、模拟、电源、电流、电压量测及时间测量等多个功能。一个通道就是一台测试机的概念，一块 PS1600 有 128 个这样的通道，可以很好地满足像指纹芯片这样既需要数字、又需要模拟和电源的测试需求。

十、MEMS 芯片的测试发展趋势

微机电系统（Micro-Electro-Mechanical System，MEMS）是 MEMS 加速度计、MEMS 陀螺仪及惯性导航系统等器件的总称。MEMS 器件特征尺寸从毫米、微米到纳米量级，涉及机械、电子、化学、物理、光学、生物、材料等多个学科。在产品的研制方面，能够显著提升装备轻量化、小型化、精确化和集成化程度，因此应用极为广泛。

MEMS 传感器已经在我们每天接触的各类设备上被大量应用。MEMS 传感器在智能手机的声音性能、场景切换、手势识别、方向定位，以及温度、压力、湿度等方面被广泛应用。在汽车领域，MEMS 传感器借助气囊碰撞传感器、胎压监测系统（TPMS）和车辆稳定性控制增强车辆的性能。在医疗领域，基于 MEMS 传感器成功研制出微型胰岛素注射泵，并使心脏搭桥移植和人工细胞组织成为现实中可实际使用的治疗方式。在可穿戴应用中，MEMS 传感器可实现运动追踪、心跳速率测量等。在城市建设领域，MEMS 传感器可以协助监测基础设施建设的稳定性，营造充满活力的反馈系统。MEMS 传感器已经被广泛地集成到汽车电子、智能家居、智能电网等物联网应用领域。

MEMS 产品的制造过程与典型芯片的最大区别在于其含有机械部分，封装成本占整个器件成本的比例较大，如果在最终封装之后测出器件失效，不但浪费成本，还浪费了研发、工艺过程和代工时间，因此，MEMS 产品的晶圆级测试非常关键，在早期产品中进行功能测试、可靠性分析及失效分析，可以降低产品成本、加速上市时间。

各种基于半导体技术的传感器和执行器是未来智能系统的关键要素。这些传感器和执行器包括 MEMS、成像传感器、磁传感器、化学传感器、生物传感器、光学传感器、射频（RF）器件等。我们预计 MEMS 和传感器市场规模将从 2016 年的 380 亿美元增长至 2021 年的 660 亿美元，复合年增长率为 12%。从出货量来看，传感器和执行器[包括声表面波（SAW）和体声波（BAW）滤波器、振荡器、喷墨头、微镜、微流控器件等]将从 2016 年的 650 亿颗增长至 2021 年的 1 380 亿颗。

在蓬勃发展的市场中，MEMS 技术仍然处于产业支柱地位。MEMS 占据 2016 年全球传感器和执行器市场的 30% 的份额，并将以 14% 的复合年增长率增长。多种 MEMS 器件，如射频 MEMS、振荡器、硅基微流控器件和环境监测 MEMS，都将有比较乐观的增长。

MEMS 产品测试分为晶圆级测试和封装后终测。晶圆级测试技术应用于 MEMS 产品开发全周期的三个阶段：①产品研发阶段，用以验证器件工作和生产的可行性，获得早期器件特征。②产品试量产阶段，验证器件以较高成品率量产的能力。③量产阶段，最大化吞吐量和降低成本。

对于 MEMS 产品的测试通常有以下特点：同测数要求很高，由于芯片本身的管脚数量不多，为了节省测试成本，通常要选择多个芯片同时测试的方案。无论是晶圆级测试，还是封装后的测试，通常要做 64 site 以上的同测，封装后的终测需要配合特殊的机械手和各种激励源，这就要求 ATE 和不同设备之间的交互能力较强，并具有高精度的电参数量测能力。

目前在全球 ATE 市场上，提供 MEMS 测试 ATE 机台的企业主要有爱德万（Advantest）、泰瑞达（Teradyne）及 Xcerra 三家公司。

在封装后的终测方面，得益于和各机械手厂商的配合，已经有比较成熟的带有各种光、气压和运动激励的测试方案。根据客户需求配置不同的方案，同测数能够达到 72、144，甚至 288 以上。需要特别指出的是，在 MEMS 测试中有很复杂的修调（Trimming），对于电压、电流测试精度的要求很高。在晶圆级测试时如何提供外部的各种光、气压、运动等激励源是目前需要解决的问题。

十一、与芯片可测性设计结合的 ATE 设备一体化方案路线

一般来说，芯片从设计到测试的流程可以分为以下几步：RTL 生成、验证，综合成网表并进行扫描链路插入，生成测试向量。测试向量转换成 ATE 格式的 Pattern，对芯片进行测试，最后生成测试结果，一般为 STDF 文件。所以 ATE 的主要对外接口有两个：一个为 Pattern 的输入，一般为 VCD 文件、WGL 文件及 STIL 文件；另一个为结果输出文件，一般为 STDF 文件。

随着芯片设计越来越复杂，测试复杂度也随之上升。如果在设计与测试之间没有一个有效、紧密的结合，很容易发生测试困难、测试结果不准确、测试问题难以定位、测试结果难以对应到设计和生产工艺中等问题。所以，与芯片可测性设计相结合的 ATE 设备一体化方案的发展路线必不可少。它主要可以解决以下问题。

（1）仿真测试环境不完善，问题不能快速定位。在芯片仿真中，芯片 I/O 上不同的负载会影响芯片的响应，从而需要微调 Timing 等参数。由于 ATE 的数字通道与芯片实际相连，其负载特性会影响芯片的特征值。ATE 应该提供其负载模型，从而使芯片设计人员可以在生成测试向量时，将 ATE 模型代入仿真中，从而保证向量的通过率。

（2）ATE 不能无缝对接 DFT（可测性设计）输出文件。目前，DFT 的输出文件的格式通常为 WGL 或者 STIL，需要通过第三方软件转换成 ATE 可以识别的格式。目前某些 ATE 已经可以直接读入 STIL 文件，从而可以简化从 DFT 到 ATE 测试的流程，并且避免由于第三方转换所造成的错误。在后续的开发中，ATE 软件应该可以直接对接 DFT 的输出文件——VCD、WGL 和 STIL 格式，从而实现 ATE 测试输出结果可以直接对接 DFT 良品率诊断工具。例如，在从设计到测试的新型流程中多了一层布局层（见图 2-16），ATE 的测试结果反馈给 DFT 进行故障定位，从而可以找出是生产工艺的问题，还是设计冗余度的问题，以进一步提升良品率。目前，ATE 的数据日志还无法直接反馈给 DFT 诊断工具，新一代的设备需要对此进行改良。

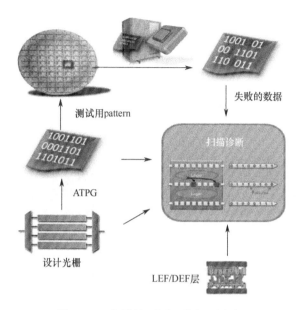

图 2-16　从设计到测试的新型流程

（3）ATE 还不能提供保密数据通道与 DFT 直接对接。在线的良品率诊断可以极大地提升诊断效率，但由于设计数据的敏感性，除少部分的 IDM 及超大型设计公司外，大部分设计公司的设计数据目前还无法与 ATE 对接。后续 ATE 要开辟加密数据通道，实现 ATE 直接与设计工具协同，进行良品率诊断。

结构性测试与功能性测试都是数字测试的重要组成部分，平衡发展尤为重要。结构性测试就是通常意义上的扫描测试。扫描又分成 Stuck At 和 At Speed。这两种测试已经得到了非常广泛的应用。一般可以保证测试覆盖率达到 99%左右。以汽车电子为例，由于它要求更全的覆盖率，所以需要其他的测试来与结构性测试互补。以 DFT 工具市场占有率第一的 Mentor 来说，除了结构性测试，还有 Logic BIST、Diagnosis、RMA 分析、Scan/Logic BIST 混合模式、POST、Online BIST、BIST 等各种模式来支持更全的测试覆盖率。甚至针对模拟电路，在汽车电子等高可靠性的应用上，也开始进行 DFT 测试。

ATE 的技术规划与路线图应与上述技术需求与趋势相结合，从而可以形成国家标准体系。

第三章

测试服务

　　随着集成电路进入后摩尔时代，软/硬件协同设计、冗余定制化、容错体系结构和协议、光机电一体化等新设计趋势促使片内测试（On-Chip Test）/片外测试（Off-Chip Test）的整体测试解决方案复杂化；先进工艺路线的发展促使集成电路失效故障测试模型不断演化；晶圆级封装（Wafer Level Package，WLP）、硅通孔（Through Silicon Via，TSV）、三维集成等先进封装工艺带来了新的测试工序和复杂光机电集成失效特性，这些技术演进导致集成电路测试变得日益复杂。

　　测试服务涉及内容众多，主要包括建立测试平台，基于测试设备架构，研发相应的测试软/硬件技术，提供测试验证和量产测试服务。实验室测试更多地体现产品设计功能、性能参数验证分析能力；而量产测试则在兼顾品质和经济性的条件下，制定合适的测试方案，即用较低的成本实现最多的故障检出。测试服务架构如图 3-1 所示。

图 3-1 测试服务架构

一、测试服务——平台技术

测试服务早期由整合元件制造商和专业封测代工企业提供，之后出现了以公共服务、中小型企业创新孵化为目的的公益性测试平台和以技术研发、产业服务为特征的独立专业测试服务企业。

（一）整体技术需求

目前，全球正在掀起以人工智能、智能制造为核心的新一轮工业革命，"互联网+""物联网""大数据""云计算"等新业态层出不穷，给集成电路测试服务平台建设发展带来了前所未有的冲击。

在商业模式上，产业链、供应链促使测试服务平台向规模化、专业化方向发展，产业互联交融更加凸显，预计更多区域性整合、多元整合型的测试平台将会出现，同时人工智能、机器人、工业互联等新业态、新技术将不断引入，促使测试平台快速向智能化、智慧化转型，实现更开放、更灵活、更快速的测试服务。

而集成电路产业本身，随着后摩尔时代和超越摩尔时代的技术演进，先进工艺节点不断引入新的测试需求，复杂的器件设计层出不穷，测试数据呈几何级数量递增，测试工程技术日益复杂，平台设备规模快速膨胀，这些都加剧了测试服务平台对新技术的需求。利用先进的互联网、物联网技术和强大的数据管理技术，实现全流程、全周期产业链测试监控、良品率/产量预测，是当前和未来一定时期内测试产业亟待研究解决的关键问题之一。

"互联网+集成电路测试服务"必将成为未来10~15年集成电路产业发展的必然趋势。

（二）发展趋势

到2020年，建成集成电路测试信息化服务平台，支持国内自主研发测试设备、仪器仪表、工具软件等，完成测试资源整合、任务管理、测试计划与排产管理、过程测试管理、过程监控、物料跟踪和大数据可视化等智能型测试平台的核心功能模块研制，实现集成电路规模测试全过程智能控制，解决资源配置、过程控制、质量溯源等方面的问题，实现智能测试工厂的集成创新，国内测试市场的占有率达到40%以上。

到2025年，建成自主可控、性能先进的智能测试产业生态体系和技术创新体系，基于智能制造战略部署，研发基于测试大数据驱动的服务业态，形成具有自主性、开放性、灵活性、可扩展性的具有成本效益的测试服务平台，国内市场的占有率达到80%以上，总体技术水平达到国际先进水平。

到2030年，建成智慧测试生态体系和技术创新体系，全面实现产业链自适应测试应用、整合产业链数据信息，预判与预测模块得以广泛应用，实现测试产业链数据标准化，以生态链互动为亮点，建立以数据为核心资源的服务创新体系平台，信息数据量占国内集成电路产业链的90%以上，总体技术水平达到国际领先水平。

（三）重点方向

1. 测试大数据

测试大数据来自工艺线晶圆接受测试（Wafer Acceptance Test，WAT）、晶圆测试、成品测试、系统测试、失效分析等各环节；各环节获取测试数据源的设备来自不同的测试服务商或机构，这些设备特点不同，能力不同，输出的数据格式不同，数据处理的能力也不同，数据之间的交互机制尚不存在统一标准，导致数据价值无法得到体现。通过互联网基础设施、数据标准、传输标准、信息安全机制、预警预测机制等的建立，打破"数据信息孤岛"，以"数据驱动"为趋势，形成"大数据价值链"，是测试服务平台技术的核心。

1）自适应测试

自适应测试是指在预定规则的制约下对测试进行动态优化，以实现降低测试成本，提高测试产量，获得更高的测试质量和可靠性的目标。典型的应用实例包括动态测试流程、测试在线双向管控、产业链数据整合、产量/良品率预判与预警等。自适应测试主要通过研究自适应测试模型、终端到终端供应链数据集成等关键技术,制定相应的流程规范,整合多来源、多形式的数据源,实现全周期、全过程可追溯。自适应测试架构如图 3-2 所示。

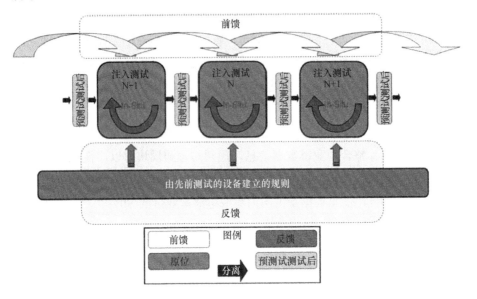

图 3-2　自适应测试架构

资料来源:ITRS 2015。

2)测试数据挖掘分析

当前集成电路自动化面临的挑战和机会并存,基于人工智能、机器学习的新一代集成电路测试数据挖掘和分析技术,一方面研究分布式并行计算、机器学习、深度学习等人工智能技术,对集成电路测试的海量异构数据进行计算、分析和挖掘,并应用于实际的量产测试;另一方面研究多元检测技术与深度学习在测试及故障诊断中的应用,利用缺陷分布自动调整采样点,用最少的采样点获得最大的信息量,实现测试大数据的分析和预测能力。

2. 智能测试工厂

集成电路测试服务包括验证型测试和量产型测试,虽然集成电路制造的自动化程度较高,但国内量产型测试的自动化级别基本处于 3 级或以下,因此，应通过人工智能、智能制造等相关技术的引进，加快"工业化、自动化、信息化"的步伐，最终实现智能化测试工厂。

1）测试调度系统

精细化数据实时采集及其多变性导致测试服务数据急剧增多，集成电路测试需要适应复杂的、快速生产周期的商业模式。利用历史数据和测试过程实时产生的数据，综合考虑产能约束、人员约束、可用物料约束、工装夹具约束，通过智能的优化算法，制订计划排产，监控计划与现场实际的偏差，进行实时偏差分析，及时、动态地调整计划排产，实现规避"计划"缺陷，有效提高量产测试服务的效率。

2）测试执行系统

通过向操作人员和质量控制人员提供详细的可视化界面来查看指令并记录数据和事件，有效引导和响应操作员的工作，所有数据直接从生产系统和设备收集，确保尽可能地提高数据获取的速度；通过对规范流程实行全周期电子化管理，避免人为错误，并可与设备和工具直接集成，从而尽可能多地采集数据。

3）统计过程控制（Statistical Process Control，SPC）

在高速度、大规模、重复性的集成电路测试服务平台中，通过离线、在线结合的模式，研发多种 SPC 规则，对收集的运行数据进行高级分析，监测数据波动和测试过程表现，设定警报或强制停止，实现生产控制。表 3-1 列出了常见的 SPC 控制规则。

表 3-1　常见的 SPC 控制规则

SPC 规则（示例）	部署机制
良品率监控	在线/离线
统计分类极限	在线/离线
测试程序校验及改进	在线/离线
良品率偏差	在线/离线
失效偏差	在线/离线
统计偏差	离线/脱机
探针台标记数	离线/脱机
测试变化趋势	离线/脱机
探针卡变化趋势	离线/脱机

（续表）

SPC 规则（示例）	部署机制
测试项目比较	离线/脱机
测试良品率图分布类型	离线/脱机

4）测试预测分析应用

测试预测分析应用是基于云计算的数据处理与应用模式，利用互联网、移动物联网等带来的低成本感知、高速移动连接、分布式计算和高级分析技术，按批次、晶圆、序列号及组合等要素收集数据，实现在实验室环境、量产测试等众多测试环节下的实时信息交换、分析、反馈。该技术的典型应用包括监控工艺波动、加快测试交期、预测良品率等。

3. 芯片测试云服务

芯片测试云服务是面向产业的平台技术，实现集成电路测试产业基础和共性技术的应用。测试云服务的核心是基于移动互联网技术、虚拟化技术、应用技术、安全技术、绿色技术等提供一整套远程监控、调试、测试服务，动态调配测试资源，按需实现实时测试控制、交互协同、数据溯源、节点查询，建立芯片测试与设计、制造、封装等产业链的无缝连接，共享测试软、硬件资源和信息，提供专业测试知识服务，实现高端芯片安全可信、可管可控的快速、高效测试。

1）远程实时控制

开发用户远程安全接入技术，构建用户绑定、双重审核、系统巡视的安全可控远程测试平台，具备虚拟网络远程调试、控制、互动等技术，在完善远程网络功能的同时，满足多级测试平台、多终端远程调试、监控及互动的需求。

2）云监测模块

基于统一标准的多来源测试装备和过程数据，合理协同计算、存储资源，实现应用模块云端部署，给终端提供系列的互联网在线数据请求、计算请求。云监测典型模块包括测试资源、生产任务、测试计划与排产、测试过程、质量过程、物料跟踪、测试监控和统计分析等。

综上所述，LCD Driver 芯片的发展趋势如图 3-3 所示。

发展重点	2020年	2025年	2030年
需求	满足半自动化需求：设备自动化、人机交互、控制系统。市场需求量年均增长率为40%	以智能化、智能化为核心的新一代工业革命释放出巨大的需求。满足国内两化深度融合的需求，加快我国集成电路测试生产设施、数字化车间/工厂的升级改造速度。满足全自动化集成：实时优化、高级排产、无纸化、智能化。市场需求量年均增长率为35%	满足智能优化需求：预判预测、自适应测试、系统优化。市场需求量年均增长率为30%
目标	建成集成电路测试信息化服务平台。实现我国集成电路测试平台的核心功能模块开发技术	建成自主可控、安全可靠、性能先进的智能制造产业生态体系和技术创新体系。基于工业互联网、智能制造等核心技术，研发大数据处理、闭环测试质量控制、测试资源智能调配等智能化技术，总体技术水平达到国际先进水平	建成智慧测试生态体系和技术创新体系、测试应用，测试资源为核心资源的有。全面实现自适应测试、预判与预测应用，开创以数据为核心资源的有偿服务创新体系平台
测试大数据技术	实现一批集成电路规模化测试全过程的智能控制，国内市场的占有率达到60%以上工控。制定相应流程规范，整合多个数据库，跟踪每个测试步骤。开发基于条形码、二维码、RFID、工业传感器、工业物联网、ERP等测试数据挖掘的关键核心技术	实时监测测试结果、动态监变测试流程、测试结果的统计分析、测试误警。开发多元检测技术与深度机器学习在测试诊断中的应用技术	结合大数据分析技术、动态改变测试中各种设置，对测试进行不断地动态优化，以降低测试成本。基于测试大数据，形成高效学习、智慧学习等人工智能技术与集成电路测试结合的创新服务
工业互联技术	实时监控计划与实际的偏差，通过智能的优化算法，动态地调整计划排产。对规范和流程实行电子化管理，以避免过多人工错误，并可与设备和工具直接集成。对收集的运行数据进行高级分析，使用户可以监测运行状态，添加图和记录报警状态的Pareto图表。集成电路复杂流程中实现WIP跟踪，通过数据库的整合自共享，实现数字化的数据采集	通过数据的关联分析监控，预测和规划下一步执行动作，优化生产效率。自动检测和控制参数和报告，加工结构化数据和报告及分析结果，包括趋势表。引入工业大数据分析模型，利用互联网、移动物联网来实现应成本感知、实现对测试的预判、预测	基于测试数据的关联划下一步执行动作，快速解决问题。将不同维度的数据标示出来以追踪变化趋势，建立预定良好阈值带来的应成本感知、高速移动连接、自动预报
芯片测试云服务	构建用户绑定、接接口、MES系统全部、双重审核、系统巡视的自主、安全可控远程测试平台，开发远程控制技术平台，开发测试计划与排产、测试任务、测试过程、质量过程、物料跟踪、测试监控和统计分析等云测运算。通过统一调用，将接在一起，链接在一起，合理调用资源以进行快速运算	开发测试资源、安全可控远程测试平台，开发远程控制技术平台、生产任务、测试计划与排产、测试过程、统计分析等云测运算模块	具备虚拟网络远程测试、控制、互动等技术、测试监控和

图 3-3　LCD Driver 芯片的发展趋势

二、测试服务——共性技术

未来 5～10 年，在先进工艺（14nm、7nm、5nm、3nm 等）、新材料、新器件、5G 通信、毫米波、自动驾驶、人工智能，以及量子计算等新技术、新领域的驱动下，集成电路测试技术演进将出现新趋势，包括测试成本的压力驱动、测试技术研发与应用差异化、超高速毫米波/微波测试硬件的挑战、大硅片（12 英寸、18 英寸）的测试技术及工程化、高密度与高精度测试装置、自动化、智能化测试软件工具。

（一）整体技术需求

随着集成电路工艺技术的不断进步，晶体管变得更小、更密集，同等面积的芯片具备更快的处理速度。当前，7nm 工艺被认为是继 28nm、14nm 之后的又一个重要的工艺节点，5nm 将是 7nm 之后一个新结构的突破和挑战；未来，从集成 200 亿个 7nm 晶体管飞跃到集成 300 亿个的 5nm 晶体管，在同样功率下可以把处理效率提高 40%，或者在同样效率的前提下减少 70% 的功耗。当然，随着集成电路工艺技术的发展，晶圆的集成度、复杂度不断提高，芯片面积在不断缩小的同时，集成晶体管数量成几何倍级增加，这就给集成电路测试带来了更多的挑战。

商业布局上的挑战。测试服务机构针对前沿性的产品，需要在尽可能短的周期内提供测试解决方案。因此在测试共性技术领域提前布局、提前研究、提前完成是非常必要的。

技术研发上的挑战。在测试硬件方面，如晶圆级测试探针及探针系统设计，成品测试的高速、高密度测试夹具及测试硬件板，条带测试和无接触测试硬件等；在测试软件方面，主要包括快速测试程序生成、电子设计自动化（Electronics Design Automation，EDA）测试接口、跨平台自动矢量转换、在线良品率管控系统、测试数据提取分析等。

（二）重点方向

1. 关键测试硬件

目前，针对先进工艺和封装技术的高端测试硬件技术主要分布在美国、日本、韩国及中国台湾地区，中国大陆地区的企业很少涉足高端测试硬件技术且基本处于低端测试应用层面。

1）高密度、高速探针卡及配件

集成电路制造工艺技术的提升，将给晶圆级测试带来探针间距缩小、引脚数量增加、高速信号干扰/串扰等挑战。除在悬臂式、垂直式、薄膜式探针卡等方面实现国产化之外，还需要研发更先进、更精密的技术，改善和优化探针卡结构，研发性能更优、带宽更高的探针，以满足先进工艺芯片晶圆测试的需求。一体化测试探针卡通过采用纳米精准微加工技术及垂直阵列设计制造方法来减小探针最小间距和最大引脚数量的极限，预计将是未来的发展趋势。同时，在高效、低成本的驱动下，实现速度更高、探针间距更小的高密度晶圆并行测试技术和探针卡状态实时监控和过程自动优化技术，以及探针卡寿命提升等也是技术发展的必然需求。

2）高密度测试夹具

随着新一代封装技术，如扇出型封装等先进封装技术的出现，其对应的测试夹具在互通连接技术、信号完整性方面也需要改进和优化。弹簧针结构或无探针结构夹具已经在市场上出现，未来的产品对其传递特性和增益、阻抗等参数提出了更为苛刻的要求。为满足集成电路测试的需求，未来高密度测试夹具需要满足如下性能特征：夹具信号通路频率高于测试最高频率，以避免测试失效；夹具与测试器件连接面上各连接点的响应一致，确保试验时输入激励的均匀性；夹具与测试器件保持刚性接触，并且接触阻抗最小。

3）高密度测试负载线路板

高密度测试负载线路板将 ATE 资源信号转换为被测器件所需的测试信号，利用自动测试设备测量单元对基准电压源的输出进行检测，从而确认是否满足测试要求。随着 5G、毫米波、自动驾驶、人工智能等技术的发展，测试芯片具有超高速、超大容量、超短时延等特性，导致当前的负载板材料、设计技术、制造成本逐渐难以满足新一代高频芯片的测试要求，研发新的板材、新的结构、新的设计方法是目前主要的技术趋势。

2．测试软件工具

在快速测试服务中，除了需要大量具备丰富经验的工程团队，测试解决方案研发的工具也必不可少。目前，测试软件工具主要由国外设备商或国外测试软件企业提供，设备商自带的软件具有局限性，而且还需许可权限，国际上的商业应用软件价格昂贵，而且不支持国产设备，测试解决方案工具的研发在国内尚处于空白阶段。

1）测试程序自动化技术研究

在集成电路设计领域，电子设计自动化（EDA）使设计开发人员设计电路的速度和效率大大提高。在测试领域，研发符合通用标准的测试程序自动生成与跨平台转换软件，其主要特性是需具备测试信号自动生成、多装置测试信号源码自动生成、测试与设计接口、交互模型、去缺陷及智能互连等功能和模块，这将是未来集成电路测试程序自动化发展的趋势。

2）从设计文件到测试程序的转换技术研究

针对集成电路高集成、快速 I/O 接口的发展趋势，通过研究高端芯片的设计结构、资源分布、应用开发、测试模型建立等，基于测试设备（特别是国产测试设备）的硬件资源、软件架构，研发测试配置与资源映射、可测配置资源码流生成、测试信号生成等技术，开发测试信号源码转换、测试码流自动提取及测试矢量生成及优化等软件，完成大硅片的性能验证，实现设计与测试的快速验证与分析。

（三）发展趋势

共性技术发展趋势如图 3-4 所示。

	2020年	2025年	2030年
需求	16nm/14nm 5G通信、汽车雷达、蜂窝物联网	10nm/7nm 毫米波、自动驾驶	5nm 人工智能、CPU、GPU、FPGA
目标	集成电路测试技术与国际先进水平的差距逐步缩小 自主研发多平台自动转换、智能优化及安全可靠测试转换软件技术，关键硬件装备和软件工具进入国际采购体系	集成电路测试技术达到国际领先水平，测试技术先进工艺在大硅片上得到量产应用 自主研发的测试软件和技术接近国际一流水平	集成电路测试共性服务技术达到国际先进水平，自主研发的高速、高密度测试硬件装备技术进入国际第一梯队，全面实现自主化
测试服务共性技术发展重点及趋势	测试的成本压力驱动 前沿测试技术研发与应用差异化 超高速毫米波/微波测试硬件的挑战 大硅片（12英寸、18英寸）的测试技术及工程化 高密度与高精度测试装置 自动化、智能化测试软件		

图 3-4 共性技术发展趋势

三、测试服务——产品测试解决方案

集成电路测试作为集成电路产业链的基础，贯穿于集成电路设计、芯片制造和封装及集成电路应用的全过程。测试技术演进的驱动力主要来自先进设计、先进工艺、先进封装等。电学测试服务在产业链中的分布如图 3-5 所示，其中实线框为测试相关过程。

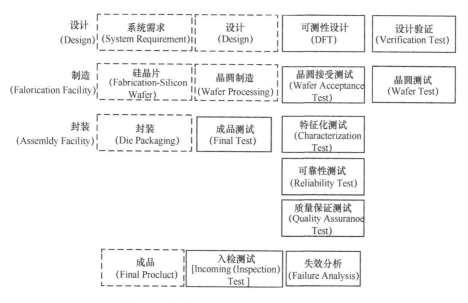

图 3-5　电学测试服务在产业链中的分布

（一）先进工艺 IP 核测试解决方案

随着设计规模的扩大、集成密度的提高、IP（Intellectual Property）引脚的增多和植入深度的加大，IP 核/模块测试验证工作越来越繁重。据统计，在 SoC 设计中，各种 IP 核的测试验证工作所用的时间占整个设计过程的 60%～80%，SoC 及 IP 核的测试验证已经成为 SoC 技术发展的瓶颈。在先进工艺条件下，IP 性能及复杂度不断提高，导致新类型的缺陷出现，必须采用新的故障模型和新的测试算法来进行检测。如何在最短的时间内高效地通过 IP 核验证与测试，并把其集成在 SoC 中，已经成为业界关注的焦点和研究领域亟待突破与实现的方向。

IP 核测试的目的在于检测其是否存在功能和时序错误，从而对 IP 核进行修改，提高产品的可靠性。一般采用访问、隔离、控制的手段对 IP 核的输入端施加激励来得到响应，与期望的响应进行比较。随着先进工艺的发展，芯片集成的晶体管数量越来越多、集成度越来越高、工艺变异的影响越来越大，必须关注测试资源调度、故障覆盖率、测试效率等，研究解决测试流程、测试访问、诊断调试、良品率优化及工程测试技术等关键性测试方法。

（1）针对先进工艺器件优越的低功率、高性能和小面积的特点，开展 IP 测试验证，主要包括芯片设计-工艺余量（窗口）的测试，针对先进工艺 IP 进行芯片功能、参数测试验证，建立高精度、多维度扫描电压、速度、时序等激励响应曲线，建立 IP 性能许目（shmoo）图；在制造工艺拉偏的情况下，重复上述扫描过程，定义适量工艺波动窗口，提供设计参考；复杂应力环境余量（窗口）的测试，验证先进工艺 IP 在长时间复杂应力（热应力、电应力、信号激励等相互作用）环境下性能的可靠性，研究应力控制与诊断技术，提供芯片关键参数与应力失效分析模型，为先进工艺提供可靠性评估结果。

（2）研发高密度、复杂独特的测试探针系统技术，设计多方式可精确计量的误差补偿回路，校正测试线路阻抗匹配、时延和寄生参数带来的测试偏差，补偿由于工艺、电压、温度、阻抗和噪声变化等引起的测量结果的不确定性；针对微凸点、微间距特性先进工艺芯片测试，开展超细微探针、微凸点压力/过冲控制、凸点损伤预防、在线控制与检测、工艺测试匹配、多工位无损并测等工程测试技术研究。

（3）随着先进工艺的不断推进，IP 将向功能更复杂、设计规则更严格的方向发展，在性能和精度方面有了较大提升，同时也为开发高效、高覆盖率及可复用性的验证方法带来了新的挑战。因此，针对 IP 核测试，需要结合多种验证方法，制定高覆盖率、高效、可靠的 IP 测试规划，研究基于故障覆盖率驱动的 IP 测试验证技术。开展覆盖率导向的验证方法研究，开发受约束的随机向量测试生成和测试故障模型关键技术，通过覆盖率数据判断测试激励的正确性和完整性，开发测试生成、测试执行、测试判断等程序；采用覆盖率数据定量评价验证进程，通过分析功能矢量和结构矢量发现故障，进行有效性系数设定，生成与故障覆盖率和效率相关的特征因子函数，研究动态启发式搜索排序算法优化测试序列，求解满足测试故障检测率和效率的最优解，自动完成功能覆盖率统计和流程管理，解决测试故障覆盖率和测试效率之间的矛盾。

（4）基于 IP 核复用的 SoC，其 IP 核类型和来源都不相同，即使集成已验证通过的 IP 核时，也不能确保不出差错。IP 核被集成到 SoC 后，其输入、输出端口也嵌入 SoC，原本可测的端口失去了可控性和可观测性。基于内建自测试方法（BIST）或其他可测性设计为嵌入式 IP 核的测试提供了一个解决方案，通过加入测试外壳，可以实现对 IP 核的访问、隔离、控制，有效地提高了 IP 核的可测性，且故障覆盖率较高，实现简单。但是采用 BIST 会使电路面积额外增加，必须在 IP 核的可测性和面积之间进行权衡。

（5）作为 IP 的设计方与工艺方，在进行 IP 测试验证分析时，会非常关心该 IP 的测试开发时间与测试时间，因此，需要分别针对测试验证、量产控制、数据分析等几个方面进行开发，建立典型的 IP 测试单元库，并且具备 IP 测试技术创新研发和应用能力；研发智能测试工程技术，实现实时状态监控，减少人工干预，较大幅度地提升参数提取和产业测试的效率，实现芯片测试验证的稳定性、可靠性、测试良品率和效率的一致提升。此外，在 IP 形成产品后快速迭代，为产品提供快速测试开发与批量测试服务。

（二）先进封装测试解决方案

集成电路封装是集成电路技术领域的重要环节，近年来，由于人工智能、虚拟现实、物联网、大数据、云计算、生物识别等的爆发式发展，集成电路器件集成度越来越高，对集成电路封装技术提出了更高的要求：更小、更薄、更轻、更可靠、多功能、低功耗和低成本。

目前，业界的前沿封装技术包括 SiP 系统级封装、多芯片封装（Multiple Chip Package，MCP）、晶圆级封装（Wafer Level Package，WLP）、MEMS 封装（Flip Chip Package，FCP）、倒装芯片封装，以及基于三维硅通孔（3D TSV）工艺的在 Z 方向上堆叠芯片的 3D 封装。其中，3D 封装在集成度、性能、功耗等方面更具优势，同时设计自由度更高，开发时间更短，是各封装技术中最具发展前景的一种。

根据 Yole Develpopment 研究机构在 2017 年 5 月的预测，先进封装市场将在 2020 年达到整体 IC 封装服务的 44%，年营业收入约为 315 亿美元，SiP、WLP、TSV 等技术将引领先进封装风潮。中国先进封装市场规模在 2020 年预计达到 46 亿美元，年复合年增长率将达到 16%。日月光集团凭借多年的龙头优势，在 SiP 领域优势明显，与苹果、高通等一线设计厂商长期保持合作；

安靠科技有限公司（以下简称"安靠科技"）依托 SLIM 及 SWIFT 技术绕开高成本 TSV，在不牺牲性能的同时实现 2.5D 及 3D 封装；长电科技收购星科金朋（上海）有限公司（以下简称"星科金朋"）FoWLP，在 FoWLP 技术领域保持领先优势，且凭借自身的 eWLP 技术，成为目前全球封装测试厂商中唯一实现 FoWLP 量产的企业，良品率达 99.9%。预计在未来几年，其年均复合增长率将达到 30% 以上，远超总体市场个位数的增长预期。

由于集成电路"轻、薄、短、小"的发展趋势，目前采用 TSV 硅通孔工艺的 3D 封装技术得到了越来越多的关注。同时，新兴技术领域，如 MEMS 微机电系统、光学部件也加入了 SoC 或 SiP 集成芯核的范畴，原有芯片类型，如逻辑芯片、存储器、输入/输出（I/O）、模拟/混合信号、射频，无论是技术复杂度，还是性能，都有了翻天覆地的变化，如逻辑芯片中微处理器向多核心体系发展，嵌入式存储器的容量和性能得到较大提升，I/O 的类型不断丰富，带宽不断提高；模拟/混合信号集成的模数/数模转换器无论是分辨率，还是转换速率、性能都有提高；射频芯片也向更高的载波频率和性能发展。高集成度的集成电路测试变得日益复杂，在测试流程、测试访问、异构堆叠、测试功耗等多个方面均面临着关键性测试的挑战。

（1）测试流程：高性能、高集成度的集成电路，需要在测试流程中对芯片进行定制或者对芯片进行修复，因此，必须在传统测试中增加新的测试环节。例如，在 3D 封装测试中，中道在线测试和后道焊接完成后的测试也变得很有必要，需要重点考虑新增测试环节带来的成本增加、工艺复杂性提高和对芯片潜在的损伤，需要研究更多的优化资源利用、成本和产量的模型，可以将封装与测试流程相结合，来获取满足堆叠工艺与芯片级测试及量产要求的最佳测试流程。

（2）测试访问：3D 封装中典型的硅通孔配置是 5μm 的直径和 10μm 的最小间距。在大多数情况下，硅通孔不会直接焊接，而是配备微凸点。这些微凸点可能是 25μm 的直径和 40μm 的间距，这相对于传统针卡仍然很小。测试访问面临的挑战是需要开发探针技术，以便可以可靠地扎针到这些阵列型的微凸点上。这就要求探针接触、触点阵列排布、金属化、探针尖端清洁等技术的进步，以尽量避免损坏探针。非接触式探测也可能在这一领域发挥作用，其最主要的好处是不会造成探针损伤，但是仍然不能满足小面积/间距的要求，而且电源/接地仍然需要通过传统的探针来实现。只要探针技术没有满足微凸点/硅通孔大小/间距的要求，就仍然需要额外的探测焊盘。

（3）异构堆叠：复杂的异质芯片堆叠的演变将会严重影响测试。对 3D
封装的测试必须考虑各芯核间的相互作用、堆叠后电源和信号的完整性、在
组装和互连过程中发现的缺陷/故障。无论从测试时间，还是测试成本的角度
来看，生成一个全面的、完整的堆叠功能测试是不切实际的。与 SiP 类似，
全面的测试实现可以利用现有或即将公布的测试标准，如 IEEE1149.1、
IEEE1500、IEEE P1687、IEEE P1838，将内建自测试（BIST）和有限的功能
测试相结合。这需要芯片供应商、堆叠封装厂商、设计方之间进行大量的协
商。堆叠封装中异质芯片数量的增加，使得芯片级测试的可追溯性非常有意
义。芯片供应商与堆叠封装厂商之间的信息共享，对于保持封装质量或单个
芯片的质量水平是至关重要的。

对异质芯片的测试将是"芯核测试"和"堆叠级测试"的组合，由于集
成芯核的多样性和来源的复杂性，不同的芯核在堆叠前必须按照故障模型、
参数要求和量产标准进行测试，以确保芯片是已知合格芯片（KGD）；这需要
改善探针的信号性能，并且需要在避免造成机械损坏的情况下，执行多次探
针测试。不同芯片的测试数据在整个产业链的整合变得比过去更为迫切，采
用先进的互联网技术和强大的计算能力，实现对测试数据的全流程监控，提
高测试效率和定位，是测试的又一个难点和关键点。堆叠级测试是指将芯片
作为一个堆叠整合来测试，覆盖互连和交互属性。随着时间的推移，堆叠级
测试将引入 DfX，因为已知芯片在堆叠过程（如背面研磨、晶圆减薄、激光
钻孔）中也会产生缺陷，新的故障模型将被开发，以检测这些缺陷。基于内
插的 DfX 功能可以协助进行芯片间测试和大量芯片并行测试。基于自建内插
的测试功能，可以帮助减少堆叠中的异质芯片所需要的资源。

（4）测试功耗：功耗问题可能会发生在电源域、管芯级或堆叠级。管芯
级或堆叠级配电要求必须考虑测试功耗。电源监控和垂直检测整个叠层势在
必行，以保证测试的完整性。可采用选择性逻辑/芯片电源关断的方式，以
减少局部或整体功耗。测试调度可能会有助于这一点，测试调度可以通过
测试程序或潜在的自适应测试控制器来处理。电源感知测试可以在芯片级
（堆叠中）进行。堆叠级电源感知测试需要考虑未来叠层增长带来的测试功
耗需求。

此外，测试中非电激励，如光、压力、声音、重力、温度、磁场、加速
度等需求将在更高集成度的芯片测试中变得更为普遍。在集成电路测试过程
中，非电物理量的有效施加是当前业内人士广泛关注的一个课题。未来大量

3D/TSV 先进封装将应用于消费电子产品领域，必须以低成本来应对测试挑战，包括测试时间、ATE 成本及探针卡成本等。

摩尔定律接近瓶颈，封装市场向好，Gartner 预测 2020 年全球封测市场可达 314.8 亿美元；技术迭代频繁，SiP、FoWLP、3D/TSV 等技术或成未来趋势。芯片堆叠将变得更加普遍，将会有更复杂、更奇异的芯片堆叠方式出现，测试面临的挑战将变得越来越困难。可以肯定的是，由于大量不同的芯片被封装在一起，测试复杂性将不断增加，为了缓解对测试资源和测试时间的需求，必须增加新的额外的可测性设计。目前，最好的选择是依靠 BIST 和基于边界扫描的技术，随着更多的 3D/TSV 应用的出现，越来越多的数据将能够对 3D/TSV 测试过程做出更好的预测和决策。

（三）先进核心产品测试解决方案

随着人工智能、虚拟现实、物联网、云计算、大数据等新应用、新业态的不断出现，低功耗、低成本、高速、高集成度、高灵活性等需求不断推动着集成电路产业技术的发展，集成电路的飞速发展也使得其测试面临诸多新技术的挑战。

1. 人工智能芯片测试解决方案

以深度学习算法为代表的人工智能技术，用大量数据训练机器来模拟人脑学习过程，其对底层基础芯片的要求也发生了根本性的改变。人工智能芯片的设计目的不是执行指令，而是实现大量数据训练和应用的计算，深度学习对计算资源的需求几乎是空前的，第一代阿尔法围棋（AlphaGo）只需要 1 920 个 CPU 和 280 个 GPU。所有人都看到了人工智能的前景和其潜在的爆发力，但不管是 AlphaGo，还是自动驾驶汽车，精妙算法得以实现的基础是硬件的运算能力，也就是说，能否开发出既具有超高运算能力，又符合市场需求的芯片，是人工智能平台的关键一役。

研究机构 Tractica LLC 估计，深度学习项目产生的硬件花费将从 2015 年的 4 360 万美元上升到 2024 年的 41 亿美元，而企业同期的相关软件花费将从 1.09 亿美元上升到 100 亿美元。这一庞大的市场吸引了包括谷歌（Google）、脸书（Facebook）、微软（Microsoft）、亚马逊（Amazon）及百度在线网络技术（北京）有限公司（以下简称百度）在内的行业巨头，其相继宣布企业向人工智能领域转型。2016 年也成为芯片企业和互联网巨头在芯片领域展开全面部署的一年。先有 CPU 芯片巨头英特尔在 2016 年三次大手笔收购人工智能和 GPU 领域企业；后有谷歌宣布开发自己的处理系统，而苹果、微软、脸书和亚马逊也都纷纷开始开发自主的处理器产品。英特尔占据了全球 CPU 霸主的位置，其已经发布的 14nm Core M 处理器，采用 14nm 三维器件（FinFET）工艺，曝光的产品已具备 8 核、64 位及主频超过 4GHz 的性能；但是 CPU 天然的架构决定了其在大量数据计算方面的执行效率并不是很高，GPU 天然并行计算的优势使得英伟达在人工智能时代如日中天，目前该公司的核心产品包括基于 Pascal 架构的 TeslaP4 与 TeslaP40 深度学习芯片，这两款芯片均已于 2016 年第四季度开始投入量产；而谷歌设计的 TPU 芯片通过其人工智能系统 TensorFlow 自动分配执行运算，其计算能力惊人，四个芯片每秒可完成 180TFlops 的计算任务。

从传统的数据挖掘转到前向型的机器学习、预测和决策，才是人工智能发展的方向与价值。而人工智能芯片作为人工智能的根本，必须具备多输入/多输出、高度复杂的互连结构、多任务且高度并行化运行、多处理器单元、并行分布式存储、并行分布式软件及分布式处理与集中控制等架构，以及可编程性、动态可变性、高计算效率、高能量效率、低成本、小体积、应用开发简便等特点。人工智能芯片的架构与特点决定了针对其进行测试是非常困难的。

无论针对 CPU 芯片，还是 GPU 芯片，更多的可测性设计是非常必要的。通过相应的可测性设计来对芯片进行测试验证，包括内部扫描设计、内建自测试、集成电路静止电流测试、测试点插入、边界扫描设计等；对于 CPU 芯片或 GPU 芯片的实际应用（如图像处理、视频压缩、海量计算等）或者操作系统，采用 SLT 测试，实现人工智能芯片系统级应用程序的测试验证；对于 CPU 芯片还需要额外进行缓存（Cache）故障检测，针对芯片内部 L1/L2 Cache（一级/二级缓存）在 GHz 信号读写速度下的故障类型，研究故障检测算法，覆盖 Cache 固定性故障、地址故障、跳变故障、耦合故障等，以及通过多核多线程时延测试，发现芯片时序上的缺陷；采用低功耗测试技术，通过对芯片进行低功耗测试分析，研发高精度、连续采样功耗测试技术，同时由于芯片本身功耗比较大，在测试时需要解决芯片瞬间温度升高的难题；研究芯片并行或并发测试方案，尽可能地缩短测试时间，节省测试成本。

在人工智能相关技术上，目前英伟达仍然保持着绝对的领先优势，但随着 TPU 等技术不断推向市场，未来的人工智能芯片格局仍然待解。或许将来会诞生全新的、为人工智能而专门设计的处理器架构，但在那之前，人工智能要向前走，就只能改进现有处理器，使之成为能够最大限度地适应大吞吐量运算的计算架构。目前来看，围绕现有处理器的主流改进方式有两个：①图形处理器通用化：将图形处理器 GPU 用作矢量处理器。在这种架构中，GPU擅长浮点运算的特点将得到充分利用，使其成为可以进行并行处理的通用计算芯片 GPGPU；②多核处理器异构化：将 GPU 或 FPGA 等其他处理器内核集成到 CPU 上。在这种架构中，CPU 内核不擅长的浮点运算及信号处理等工作，将由集成在同一块芯片上的其他可编程内核执行，而 GPU 与 FPGA都以擅长浮点运算著称。随之而来的是，需要掌握新的测试理念及新的测试流程、方法和技术，以应对深度学习、无人驾驶等领域人工智能芯片应用给测试技术带来的挑战，适应技术的发展趋势。

2. 毫米波芯片测试解决方案

毫米波是指波长为 1～10mm，频率为 30～300GHz 的电磁波，介于厘米波和光波之间，在微波与远红外波相交叠的波长范围内，因此兼有两种波谱的特点，具有微波制导和光电制导的优点。目前，国际上毫米波的典型应用包括雷达探测、导弹制导、卫星遥感、高速通信、射电天文学、汽车雷达、5G 通信、临床医学等领域。全球毫米波技术市场预计将从 2015 年的 3.468亿美元增长到 2022 年的 4 632.8 亿美元，2016—2022 年的复合年增长率将达到 42.99%。

目前，毫米波单片集成电路主要采用化合物半导体工艺，如砷化镓（GaAs）、磷化铟（InP）等，其在毫米波频段具有良好的性能，是该频段的主流集成电路工艺，但这些器件不适合制作大规模集成电路，更不适合模拟电路、数字电路的单片集成，且成本较高。随着硅基器件（CMOS、SiGe）特征尺寸的不断缩小，以及工作频率的显著提高，毫米波集成电路越来越多地采用硅基器件工艺，这解决了系统应用中需要高集成度和低成本的问题，对毫米波集成电路的应用和普及具有重大意义。

随着对毫米波器件的深入研究，其性能不断提高，成本不断降低，有力地促进了毫米波在各领域的应用。目前，基于毫米波频段的商业化应用主要体现在汽车毫米波雷达及毫米波通信等方面。

在 77GHz 汽车毫米波雷达技术中，无论是系统还是器件，其核心技术均掌握在国外企业手中。在系统领域，有博世（Bosch）、大陆（Continental）、德尔福（Delphi）等公司，博世的长距离毫米波雷达产品是其核心产品，探测距离可以达到 250m，是目前探测距离最长的长距离毫米波雷达，主要用在自巡航控制系统中；大陆的产品线较为全面，其主力产品为 24GHz 的毫米波雷达；海拉（Hella）公司以 24GHz 雷达为核心，客户范围最广，在 24GHz 领域的市场占有率全球第一。在器件方面，有飞思卡尔[Freescale 已并入恩智浦（NXP），后并入高通（Qualcomm）]、英飞凌（Infineon）、超群半导体（TriQuint）等公司，其中，飞思卡尔和英飞凌主要提供收发前端集成单片（MMIC），超群半导体提供工作频率为 77GHz 的低噪放大器、倍频器等器件，博世、德尔福等公司提供汽车毫米波收发模块。

在毫米波集成电路方面，我国起步稍晚，东南大学毫米波国家重点实验室基于 90nm CMOS 工艺成功研制了 8mm 波段 VCO、混频器、倍频器、开关、放大器等单功能芯片，目前正在开展单片接收/发射前端的设计与研制。中国科学院上海微系统与信息技术研究所采用 Si CMOS 研究设计了 35GHz 单芯片毫米波雷达传感器并流片成功，该项研究目前处于国际第一梯队，也是国内首块功能完整的 Si CMOS 单芯片毫米波系统，其研究工作也将向 77GHz 及 98GHz 单芯片雷达传感器及 5G 通信系统前端芯片推进。

在毫米波通信方面，5G 移动通信尚处于预研阶段，技术规范还没有统一定义，28GHz 频段和 60GHz 频段是最有希望使用在 5G 的两个频段。28GHz 频段的可用频谱带宽可达 1GHz，而 60GHz 频段每个信道的可用信号带宽都达到了 2GHz，相比 4G-LTE 频段，频谱带宽可翻 10 倍，传输速率也得到了巨大提升。欧洲、美国、加拿大、韩国、日本、澳大利亚及中国陆续开放了 60GHz 频段的免费频谱资源。据市场研究公司 ABI Research 发布的最新统计数据，2025 年 5G 服务将为移动宽带运营商带来 2 470 亿美元的收入，2021 年全球 5G 移动用户将达到 1.5 亿人。目前，毫米波芯片大规模商用化已经出现曙光。例如，美国电信运营商 AT&T 已经推出了美国首例基于毫米波技术的 5G 商业客户试验服务。博通（Broadcom）[已并入安华高（Avago）]已经推出了 60GHz 的收发机芯片，该产品主要针对 60GHz 频段的 Wi-Fi 标准（802.11.ad），也可以看作是 5G 毫米波芯片解决方案的投石问路。高通发布了骁龙 X50 调试解调器，可以验证毫米波在具体商用当中的问题，加速 5G 商用。国内方面，华为在温哥华完成了 5G 毫米波外场测试，实现了单用户设备 20Gbp 的峰值传输速度。东南大学提出了工作在 45GHz 频段的超高速近远程无线传输标准，其短距部分已成为 IEEE 802.11aj 国际标准。

有关毫米波应用的测试是毫米波发展进程中不可或缺的重要一环，它复杂程度高、技术难度大、工艺要求严格，在开发应用的过程中，需要进行各种各样的大规模芯片测试。东南大学、中科院微系统所等单位已经初步具备毫米波测试环境，但基本停留在实验室验证阶段，与产业化测试相距甚远。我国毫米波领域面临的主要瓶颈是核心技术和厂商都集中在国外，元器件需依赖进口，毫米波芯片设计、制造、封装、测试的经验相对匮乏，技术成熟度较低，目前还处于初级阶段，产业化进程亟待突破。

在芯片测试领域，目前亟须建设毫米波芯片测试平台环境，研究信号发射系统与接收系统同步技术，保证信号测量的精度；研究射频通路系统自动校准，保证系统测量带宽内信号的平坦度；研究无线或有线连接方式，从测试硬件架构、软件算法体系等方面着手，保证毫米波信号传输质量，支持各种算法测试验证；研究大规模多端口幅相一致性的快速校准、多通道间的串扰抑制及并行多路信号实时同步的处理等技术，实现多路信号同时测试；研究支持毫米波测试设备复用与功能扩展，实现毫米波芯片的自动化测试，推动国产毫米波芯片的产业环境建设。

目前，国际上的 ATE 尚未覆盖毫米波段的测试，因此目前主要采用的测试设备包括测试系统、信号发生器、基带发生器、频谱仪、矢量网络分析仪、噪声分析仪等。美国国家仪器公司（NI）推出了全球第一款用于毫米波的软件无线电（SDR），其信号收发系统功能完备，能够以高达 2GHz 的实时带宽发射和接收信号，覆盖 71～76GHz 的 E-band 频谱。是德科技公司于 2016 年发布一款业界领先的毫米波频谱和信号分析产品，是业界第一台频率覆盖达到 110GHz、最大分析带宽高达 5GHz 的分析仪。随着整个 5G 通信与汽车电子需求的不断增长，需要始终关注最新行业技术发展动向，积极部署实施毫米波芯片测试技术研究工作。

3. MEMS 传感器芯片测试解决方案

物联网是一个大批量成本驱动的市场，它主要由大量的射频传感器组成，将数据传输到全球数据分发中心，然后将其传达给外界和互联网。目前，业界普遍认为未来 5～10 年，物联网将会是最具潜力和令人兴奋的市场，据市场研究公司 IDC 估计，2020 年整个物联网市场规模将增长至 7.1 万亿美元。

物联网产业规模快速增长，应用领域广泛拓展，带来 MEMS 产业发展的新机遇，未来 10 年间，SEMI 预计全球 MEMS 市场年复合增长率将超过 11%。

其中，MEMS 运动传感器（含磁传感器、加速度传感器、陀螺仪）作为领先发展的传感器系列，在消费电子领域得到了广泛应用，预计 2020 年其市场规模将超过 44 亿美元。国内外各大企业都将扩大对 MEMS 传感器研发的投入，霍尼韦尔（Honeywell）的两条 MEMS 生产线正在火热运行中；台积电、联电两大半导体龙头企业正全力开发 MEMS。物联网的应用也正在广泛普及，创新型企业不断涌现，MEMS 研发领域的生态系统日益完善，未来 5 年也将是中国 MEMS 市场快速发展的 5 年，国产化率将达到 70% 以上，将对国民经济产生重大深远的影响。全国的 MEMS 企业众多，主要的 MEMS 产业研发中心集中在上海市和江苏省，在政策的鼓励下，国内 MEMS 的研发进程迅速向长三角地区、京津冀地区等渗透，目前长三角地区有深迪半导体（上海）有限公司、上海矽睿科技有限公司、苏州固锝电子股份有限公司等 MEMS 设计生产企业，与中科院上海微系统与信息技术研究所、上海交通大学等科研单位合作研发；结合上海市 8 英寸生产线显著的成本优势，与上海华虹宏力半导体制造有限公司、中芯国际和上海先进半导体制造股份有限公司等开展相关工艺研发及量产业务，生产高附加值、高性价比、具有全球竞争力的产品。

MEMS 集微电子学、机械学、材料学、力学、声学、光学、热学、生物医学、电子信息等诸多学科于一体，注重人机交互体验，小、轻、薄的趋势对 MEMS 芯片封装技术提出了更高的挑战。未来，MEMS 芯片技术将在性能、尺寸、功耗、成本、集成度、算法应用等方面不断发展，针对 MEMS 芯片技术的发展趋势，面向采用先进封装技术的光电图像、磁阻、压力、加速计、陀螺仪等 MEMS 产品的升级，MEMS 芯片测试也将面临各种新的挑战。

MEMS 芯片的测试涉及一系列步骤，包括校准和验证，而且需要应用外部非电物理量激励来执行参数和功能测试。芯片测试不仅需要通用的测试系统，还需要能够提供所需激励的设备，通过研究如光、力、磁等多样性精准激励源生成技术，分析激励源类型、机理特性等，基于测试系统开发信号源优化程序和算法，提供多样化高质量激励源，满足覆盖主要门类尤其是光电图像、磁阻、压力、加速计、陀螺仪等 MEMS 产品测试的需求。小体积工程系统扩展到大批量生产自动测试设备系统的模块化系统，是 MEMS 测试行业发展的方向。

为了满足驱动 MEMS 市场量大面广的需求，MEMS 芯片的价格预计会持续下降，因此测试成本不会持续上涨。MEMS 芯片不仅需要电测试，还需要其他非电物理量激励。这些增加的要求导致设备昂贵，而测试设备支出与测试时间是芯片测试成本的主要因素。标准化处理程序和测试方法可能会大大降低成本，测试设计新理念的实施已经成为 MEMS 制造商的焦点，目前产业仍然缺乏针对 MEMS 的可测性专有技术和自我测试/自校准方法，由于测试设计非常依赖应用，因此，需要针对每种器件研发不同的方法学，通过为产品增加可测性功能，降低开发难度和最终产品的测试难度。

产品性能、可靠性和芯片的标准化测试也可以显著降低测试成本。其中，可靠性对于射频 MEMS 器件尤为重要，因为在许多应用中，对 RF MEMS 器件可靠性的要求非常高。拓展故障模型将有助于提高芯片可靠性和加速开发可靠性测试的方法。可靠性指标和具体测试方法通常是 MEMS 芯片设计公司的商业秘密，因此，可行的解决方案是通过信息共享来评估差距，推动可靠性测试方法的开发。

在过去十年中，MEMS 芯片越来越多地被应用到个人电子设备和汽车当中，而新应用不断推动 MEMS 技术向新领域和新市场发展。用于便携式或可穿戴设备的 MEMS 芯片需要较小的管芯尺寸，具有更高的功能集成，如多模 MEMS 芯片将单个加速度计、陀螺仪、磁性、光学和压力传感器与 MCU 集成在一个封装中。多激励测试输入的复杂性增加了测试的成本，MEMS DFT 技术的创新越来越重要。MEMS 传感器的新型 3D IC 工艺将有利于 BIST 开发，并在晶圆测试期间增加测试并行度，以降低测试成本。

4．FPGA 芯片测试解决方案

目前，全球 FPGA 芯片市场规模大约为 50 亿美元，美国厂商占据了垄断地位，其中中国的市场规模约为 15 亿美元。由于行业的技术及资本门槛比较高，在中国 15 亿美元的市场当中，国产 FPGA 产品所占市场份额约为 2%。工业互联网、无人驾驶汽车、5G 等新兴市场的发展，使 FPGA 市场需求保持更快增长。在国家对集成电路产业的大力支持和培养下，国内已经具备 FPGA 芯片研发、生产、应用的条件，国内 FPGA 芯片设计和制造技术水平也显著提高，先后涌现出了一批以上海复旦微电子集团股份有限公司、深圳国微电子有限公司、成都华微电子科技有限公司、中国航天科技集团第九研究院第七七二研究所、深圳市紫光同创电子有限公司、中国电子科技集团公司第五十八研究所、上海安路信息科技有限公司、广东高云半导体科技股份有限公司等单位为代表的 FPGA 设计企业，自主研发 60 万门、100 万门、300 万门、600 万门及 1 000 万门等以规模划分的 FPGA 系列产品，并在不同应用领域及一定程度上打破了 FPGA 市场被美国寡头垄断的局面。在 FPGA 测试方面，上海华岭集成电路技术股份有限公司通过与 FPGA 研发单位开展密切合作，力争从自主可控出发，提供测试分析、晶圆级、封装级、系统级、可靠性及产业化测试的全套测试解决方案。

赛灵思（Xilinx）是全球 FPGA 芯片的主要供应商，目前已发布的 Virtex7系列 FPGA 芯片逻辑单元（Logic Cells）达 1 954 560 个、可编程存储单元（Block RAM）达 64M、数字信号处理模块（DSP Slices）达 3 600 个。作为可编程逻辑器件，近十几年来 FPGA 经历了快速演进阶段，在器件性能、成本和开发理念等方面实现了跨越式发展。下一个 10 年，FPGA 将向更灵活、多重 IP化、系统集成、动态可重构及单片集群、紧密结合应用需求等技术趋势发展。

FPGA 技术的发展将加剧该类器件的测试复杂性，千万门级以上的 FPGA具有更多的逻辑单元和互联网络资源，随着电路尺寸的不断下降，制造中的缺陷和错误也将剧增，使对内部连线和资源的完备性测试、故障分析和故障评估变得更加复杂，实现高故障率覆盖测试更加困难，测试复杂程度和难度非常高。电路与系统的集成度和复杂度的日益提高，导致测试难度和数据流随之剧增，测试时间越来越长，测试设备投资越来越高，测试成本随之升高。同时，随着 FPGA 技术的快速发展和市场竞争的加剧，产品市场寿命相对于开发周期变得越来越短，对测试产品的上市时间、开发周期也提出了越来越高的要求。

FPGA 的特点是高密度、高集成度、高速、高带宽和可编程特性，以及集成多种 IP 模块，导致 FPGA 芯片内部故障模型非常复杂，加上 FPGA 研发制造的技术又一直处于持续改进的状态，使得 FPGA 测试已成为制约大规模FPGA 设计和应用的一个关键因素。如何有效地进行 FPGA 芯片的测试工作，是学术界、产业界与各研究单位都在一直研究的问题。目前 FPGA 测试已经具备了互联资源覆盖测试技术、数据压缩技术、并发测试、低功耗测试及 BIST技术等。

先进工艺下 FPGA 具有更多的逻辑单元和互连网络资源，对内部连线和资源的完备性测试、故障分析、故障评估变得更加复杂，如何覆盖测试互连线的功能和时序性能是一个测试技术难点。可以将 FPGA 内部互连资源按照功能划分为全局互连资源、本地布线资源和专用布线资源。研究全局互连资源的故障类型，如开路故障、桥接故障等，设计特定算法，以最少的测试向量覆盖尽可能多的全局互连资源。针对专用布线资源，根据其专用的功能和使用用途，设计专用功能测试算法；研究 FPGA 的体系结构内部的资源分布及资源互连情况，通过演算分析寻找有效的测试算法，这些算法包含了 FPGA 内部所有 CLB、IOB 等资源的配置；研究通过软件统计和分析方法，提高互连资源测试故障覆盖率，实现最优化的测试故障覆盖率配置。

随着 FPGA 技术的发展，FPGA 器件规模更大、内部资源更复杂，在高覆盖率测试要求下，测试矢量大小远远超过了现有 ATE 测试系统的向量深度。测试压缩技术能够有效地减少测试数据量，降低对测试数据存储容量和测试设备数据传输通道的需求，还可以减少测试时间和测试功耗。另外，针对大规模 FPGA 动辄几分钟的测试时间，需要研究 FPGA 并发测试技术，充分利用 FPGA 强大的可配置性，同时实现多个模块的功能配置和测试，测试调度时给定有 N 个 IP 核及功能模块，设计和分配合理的配置资源和测试资源，使这些功能模块可以进行同时配置和同时测试，达到节省测试时间的目的。

同时，越来越多的可测性设计已应用于 FPGA 器件，如 BIST 技术。在电路设计过程中，根据 BIST 技术及 FPGA 可编程的特点，通过配置实现电路逻辑表达式及通路选择（测试通路及应用通路），从而实现在 FPGA 内部构建内建自测试电路。在测试阶段，将 FPGA 编程为测试电路部分（BIST 电路）和被测试电路部分（CUT）进行测试。然后再编程交换被测电路与测试电路的角色。在测试结束后，还可以将 FPGA 重新编程为通常的应用功能。同时，对存储器、可编程逻辑、可编程互连线进行可测性设计，实现在满足测试覆盖率指标要求的前提下，减少测试向量及测试位流，从而降低成本和缩短测试时间。

数字系统的功率消耗和能量消耗在测试模式下比在正常工作模式下高很多，特别是在自测试期间，功耗增加的原因是随机向量导致很多电路节点转换频繁。低功耗测试与控制技术旨在通过压缩触发器、测试向量，以及控制测试调度及时钟资源等方式减少测试电路节点的翻转频率，降低测试功耗。基于扫描的低功耗 BIST 技术、低功耗扫描测试门控时钟技术及测试调度技术应当受到关注。

随着工艺的不断进步，FPGA 产品在逻辑密度、性能和功能上有了极大的提高，在经历了低功耗、低成本及先进工艺的瓶颈后，FPGA 不断以其可编程和灵活性向更多领域渗透。同时，器件成本的大幅下降及众多厂商的加入，更使得 FPGA 市场日趋白热化，未来，FPGA 或将吞噬 ASIC 市场，成为集成电路产业的主角。针对 FPGA 可编程的特点，实现其高效、高故障覆盖率、低功耗、低成本的测试，将是一个持之以恒的课题。

5．SoC芯片测试解决方案

SoC技术始于20世纪90年代中期，随着半导体技术的发展，人们将越来越复杂的功能集成到单硅片上，于是产生了芯片上的集成系统。Motorola、LSI Logic等公司将原有的许多成功设计优化为一些可复用的IP核，显著提高了芯片设计能力和设计效率，引起业界的关注。目前，随着总线架构技术、低功耗设计技术、IP核可复用技术、嵌入软/硬件协同技术、可测性设计技术、超深亚微米工艺技术等的快速发展，SoC技术成为21世纪推动超大规模集成电路迅速发展的主流技术。

当前，无论在国外还是国内，在SoC设计领域已展开了激烈的竞争。SoC按指令集来划分，主要分为x86系列、ARM系列、MIPS系列和类指令系列等几类，每类都各有千秋。国内开发者主要基于后两类，如中国科学院计算研究所中科SoC（基于龙芯核，兼容MIPSⅢ指令集）、无锡市方舟科技电子有限公司2号（自定义指令集）、国芯科技（北京）有限公司C3Core（继承M3Core）等。国防科研单位如深圳市国微电子股份有限公司、中国电子科技集团第五十四研究所和第三十二研究所、中国航天科工集团第631研究所、航天科技集团第九研究院第771研究所和772研究所及各大科研院校均在高端SoC集成电路领域投入较大的研发力量，推动了我国SoC集成电路的高速发展。开发拥有自主知识产权的处理器核、核心IP和总线架构，同时又保证兼容性（集成第三方IP），将使我国SoC发展具有更强的竞争力，从而带动国内IC产业往深度、广度方向发展。

SoC应用的日益普及，在测试程序生成、工程开发、硅片查错、量产等领域，对SoC测试技术提出了越来越高的要求。SoC中包含不同类型和不同功能的模块或IP核，如微处理器、存储器、逻辑模块、数字信号处理器、模拟与混合电路模块、可编程器件、RF器件及各种外围接口等，不同类型的电路涉及不同的测试方法，而且SoC中单元数目庞大，因此，SoC测试复杂程度和难度非常高。

SoC测试的复杂度带来了测试成本的大幅提高，降低测试成本成了业界关注的焦点之一。为了使测试成本不随芯片规模趋势成比例增加，持续改进DFT覆盖率和有效性至关重要，可重用内核的大趋势提供了许多令人兴奋的DFT可能性。例如，内核是否可以并行测试或者互相测试，加入一个或多个冗余的内核（即使在最终用途中禁用），便可以通过测试等。另外，是否有通用测试核心（片上 ATE），预测未来 SoC 将如何演变、如何影响测试是非常困难的，但还是有一些非常明显的趋势：当芯片将多个相同的内核设计到同一个扫描数据流中时，并行测试这些内核的趋势将会继续；同时，结构化、自检和测试数据压缩技术也将继续。

嵌入式存储器在许多 SoC 设计中消耗了大于 80% 的晶体管，并将随着这些器件中晶体管的增加而扩大。SoC 内的多个存储器具有复杂的测试要求，并且增加了所需的芯片电源引脚数量。而较新的存储器类型（如 RRAM 或 STT RAM）可能在将来也会嵌入 SoC。存储器将在新工艺节点中越来越难扩展，晶体管老化会增加错误频率。片上纠错和内存管理在 2020 年之前可能会成为一项要求。在产品生命周期内，动态故障检测、分析和修复将变得十分必要。

为了提高测试生产力，需要新的面向测试的结构或接口。内置自检（BIST）和内置自修复（BISR）对于有效测试嵌入式 DRAM 和闪存是至关重要的。存储器的主要测试算法将继续是根据故障模型生成不同测试图案，而所有图案的擦、读、写三次测试对于嵌入式存储器仍然是必要的。

面对日益增长的内存密度，维护测试吞吐量将需要大量的测试并行性。在某些情况下，通过两种设备分别进行逻辑和存储器测试是非常有成本效益的，嵌入式 DRAM 和闪存在存储器专用测试机上进行测试和修复，而逻辑部分在 SoC 测试机上进行测试。

针对 SoC 中嵌入模拟/混合信号电路测试有两个重要趋势。一是提供足够的测试质量，大多数模拟/混合信号功能测试，需要能够精确地生成和分析芯片终端市场应用的带宽和分辨率信号的测试仪器，并通过快速并行执行 DSP 算法（FFT 等）来实时处理越来越多的数据。来自混合信号和模拟电路的数据是非确定的，必须进行实时处理以确定器件的质量。该处理过程通常时间较长，可以通过程序设计将数据处理与其他测试操作同步进行，以缩短测试时间。二是通过并行测试实现测试的经济性。为了支持并行测试，需要更多的不同接口类型的测试仪器通道，保持测试单元吞吐量和并行测试效率（PTE），以降低测试成本。

模拟/混合信号测试受环境影响较大，使测试硬件和测试方法严重复杂化。信号线路上的噪声、串扰都会对测试结果产生影响，目前负载板的设计和调试主导了测试开发过程和开发时间，未来需要研发新的技术来支持和缩短测试开发过程并且将更加自动化。

模拟 BIST 被认为是可能的解决方案和需要投入更多研究的领域，当前，模拟/混合信号 DFT 和 BIST 技术严重滞后，还没有基于性能的模拟测试可靠替代方案，需要在该领域进行更多的研究，以实现降低测试仪器复杂性、部分或完全消除对测试仪器的需求。

RF 将通过 SoC 或 SiP 技术更频繁地嵌入产品，RF 测试与（高端）数字和混合信号的组合将更常见。同时，晶圆级 RF 测试将会增加，这给测试系统及测试硬件（负载板、插座和探针卡）等提出了更高的要求，以应对信号完整性。在射频测试中，高射频范围（＞8GHz）的测试趋势越来越明显，而面对探针环节是 8GHz 以上测试的挑战，需要创建用于探针高频测量的阻抗标准和校准方法。目前，也有 RF BIST/回环测试的概念被提出，但应用到实际量产测试中仍需时日。

SoC 芯片有两个显著的特点，一是高度的复杂性，二是集成大量可重用的 IP 核。如何有效进行 SoC 芯片的测试，是学术界、产业界与各研究单位都在努力解决的问题。目前，国内外设计企业有一种通用的测试方法，称为内置自检，运用这种测试方法时，在芯片的设计与制造阶段，必须加入一些额外的自检测试电路。测试时，只要激活芯片的自检功能，通过芯片内部的自检测试电路，即可得知芯片的好坏状况。这种方法的优点是使得测试变得很简单，只需激活芯片内部的自检测试功能，然后再把测试结果判读出来即可。但自检测试也有其缺点。首先，在制造时必须加入额外的自检测试电路，因此芯片的大小及成本会增加；其次，在目前的应用中，只有内存芯片的自检测试功能比较成熟，测试的覆盖率较高，其他方面的芯片自检测试功能都还在研究阶段，尚无法应用在实际芯片测试中；再次，在从事错误分析的过程中，自检测试提供的结果有限，只能提供较少的信息来做分析。展望未来，ATE 仪器的广泛性、性能、密度和数据处理能力还需要大幅提升，才能提供芯片测试所需的经济性要求。

总之，面对集成电路产品高度集成、低成本要求、大数据处理等趋势带来的测试性能和效率的不断提高，必须结合测试经济学，开发更智能的测试方法，包括开放、灵活的软件，模块化的硬件及充满活力的生态系统。

第四章

军用与民用集成电路测试差异性研究与技术发展

军用集成电路在现代信息化武器装备中所起的作用日益显现，已经成为国防科技工业的关键能力和技术核心。军用集成电路由于使用场合和使用环境的特殊性，需要承受高强度机械应力、热应力、射线辐射应力、电应力等苛刻条件，同时由于作战任务可靠度和作战效能的要求，需要具备高可靠性和确定的故障诊断与定位能力。因此，与普通集成电路相比，军用集成电路在芯片设计、流片、封装、测试全过程中需要实施更全面、更严格的测试和验证工作，需要测试技术、测试设备性能与 IT 发展和特殊需求相适应，主要包括高可靠性设计与验证、故障模式构建与失效机理验证、环境适应性测试、全参数测试与评估、元器件筛选等工作。

一、整体技术需求

近 50 年来，军用集成电路和电子元器件的质量和可靠性取得了长足的进步，关键的原因在于通过深入和系统性的失效分析、设计验证、测试评估、老炼筛选等工作，大幅提升了集成电路工艺参数的确定性、芯片设计的成功率、生产流片的稳定性、封装测试的正确性和测试的高效率。随着需求的不断增长，在测试方法和测试设备等方面，需要通过工艺技术研究、元器件失效机理分析和故障建模等工作，形成工艺线和 IP 核的工艺设计包（Process Design Kit，PDK）文件，以提升设计仿真和设计验证的可信度；需要不断完善内建自测试、边界扫描和内环路测试等技术研究，以提升集成电路的测试覆盖率；需要完善高性能的计算仿真和形式验证等手段，以提高设计成功率；需要通过集成电路综合测试仪性能持续提升来提高集成电路功能和性能的测试能力和效率；需要通过专用的应用验证、测试板验证和老炼筛选等技术手段，不断提升元器件的可靠性。

二、发展趋势

集成电路技术和产业的快速发展主要表现在特征尺寸继续等比例缩小，以及二维/三维（2D/3D）互联技术、绝缘衬底上的硅（Silicon-on-Insulator，SOI）与锗硅（Silicon-Germanium，SiGe）技术、新材料的发展等方面。目前，自有知识产权的国产 14nm 工艺难关正在攻克过程中，预计 2019 年进入大规模生产，国外 10nm 工艺已经量产；三星、台积电（TSMC）及英特尔（Intel）已完成 7nm 工艺研发，将在 2019 年量产；5nm/4nm 正在研发阶段，关键技术和设备尚待突破；多层金属互联已经得到应用，光互联的引入能够提高芯片之间的数据交换速率。而新材料、新工艺和新技术的大量使用，引入了新的失效机理和失效模式，给大规模集成电路保证技术提出了新的挑战。集成电路工艺特征尺寸进入深亚微米后，热载流子注入效应（Hot Carrier Injection，HCI）、负偏置温度不稳定性（Negative-Bias Temperature Instability，NBTI）、与时间相关电介质击穿（Time Dependent Dielectric Breakdown，TDDB）、电迁移（Electromigration，EM）等效应成为大规模集成电路的主要失效机理；另外，系统集成的高性能、小型化、异构集成、结构多样化、复杂环境应用、降低成本等不断增长的需求，都使得传统的测试方法难以满足军事应用等对集成电路高可靠性的要求。晶圆级全功能性能测试、硅基异构 3D 集成测试等需要集成电路测试仪具备更高的性能和测试效率。需要进一步分析大规模集成电路的复杂应用要求,结合大规模集成电路技术的发展趋势,研发新的测试技术和测试设备。如图 4-1 所示为中国集成电路封装测试产业技术发展路线图,表明集成电路封装技术趋于异构三维集成;表 4-1 为半导体国际技术路线图(ITRS)2015 版给出的关键测试需求,分别从器件集成、工艺与器件架构、芯片功能、测试过程复杂性、成本控制等方面提出了更高的要求。

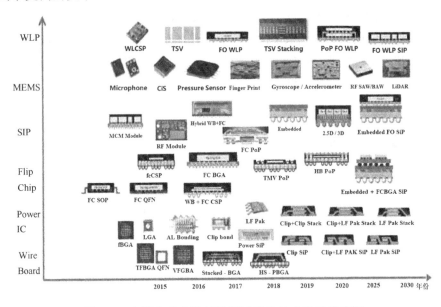

图 4-1　中国集成电路封装测试产业技术发展路线图

资料来源:电子工程网。

表 4-1　半导体国际技术路线图(ITRS)2015 版给出的关键测试需求

关 键 需 求		效果及解决方案
器件集成	不断增长的封装级集成	• 提升应用级测试信息
	多层硅集成	• 提升"已知"合格芯片的信息
	在 CMOS 数字芯片上集成新的射频和传感器功能	• 晶圆片的全功能测试
	非电子元件集成(光、微机电系统等)	• 测试单元中集成非电子激励
	复杂封装的电气、机械和热效应	• 对第三方硅 IP 提出标准化的可测试性设计需求
	依赖第三方 IP 测试解决方案的异构集成	
工艺技术和器件架构	工艺变异性导致器件制造后调整(校准、修剪等)	• 基于测试结果的更多迭代测试流
	容错架构和协议(冗余组件、字段修复)	• 更多器件重新配置需求
	低电压和更多种类的供电电压(信号完整性)	• 更高的精度和更稳定的器件供电电源

（续表）

关 键 需 求		效果及解决方案
芯片功能增加	器件接口带宽不断增加（信号量和数据速率）	• 更高性能的测试仪表
	复杂的射频调制标准	
测试过程复杂性	优化制造的反馈数据	• 基于测试结果的每个器件的独特激励 • 需要生成并传输大量的测试数据 • 需要动态更改测试流程和测试约束 • 便于功能测试的可编程器件控制能力
	通过/失效准则动态设置（孤立点检测）	
	基于自适应测试的动态测试流（基于测试结果改变测试流）	
	部分保护后的器件测试	
	在测试单元中集成更复杂的测试和器件操作功能	
	全制造过程维护的单元级可追溯性	
成本	并行性测试的物理和经济限制	• 改善测试夹具 • 改善成本模型 • 提高测量精度 • 提高并行测试效率 • 改进操控和接口设备，支持更多管脚数量 • 提高测试时的热管理
	通过平衡测试仪的配置、器件的处理设备、接口硬件和整体设备效率来管理全部测试运行成本	
	客户质量需求和封装复杂性导致的额外测试过程	
	提高设备产量对整体生产成本的影响	
	扫描数据量和扫描移位速率的热限制导致的测试次数增加	

资料来源：ITRS 2015。

三、重点方向

（一）宽温测试技术

1. 宽温测试技术的定义

集成电路的一些电性参数相对于温度的变化会产生一定的漂移或变化，为了保证集成电路最终应用时的可靠性，几乎所有集成电路都需要进行高温、低温与室温的测试，简称三温测试。集成电路工作温度分为商业级（工作温度范围为 0～+70℃）、工业级（绝大多数工作温度范围为-40～+85℃，少数为-20～+85℃）、汽车工业级（工作温度范围为-40～+125℃）、军品级（工作温度范围为-55～+150℃），而其存储温度范围一般都是-60～+150℃。可见，对于军用集成电路来说，其对温度变化的测试要求更高，测试的温度范围更大。

在进行集成电路测试时，将满足大范围、高精度的温度测试称为宽温测试技术。要实现宽温测试，需要面临的问题和难点有宽温温度的精密监控、宽温温度箱的设计、测试夹具对信号完整性的影响、温度对测试信号的影响等。

2. 发展现状

目前，国外在进行宽温测试时，在普通自动分选机的基础上，增加了一个温度控制区，温度控制区分为预冷预热区（芯片在该区域停留足够的时间来实现温度的稳定，对某些温度稳定性要求高的产品，会给出足够的稳定时间）、测试位区（芯片在该区域保持预冷预热并被机械手抓起，顶入测试插座进行测试）、温度恢复区（芯片在该区域被反向加热或降温，使其接近室温，防止测试后的芯片马上暴露在室温中，因温度过低而结霜或温度过高造成操作人员烫伤）。降温依靠压缩空气跟液氮的混合气体来实现，升温依靠电加热压缩空气来实现，每个温度仓室都能检测及反馈各位置的温度情况。在进行集成电路的宽温测试时，必须利用自动分选机配合集成电路测试系统使用，芯片的温度控制水平完全依赖自动分选机供应商的设备的实际控制水平。

国外如欧洲 Delta Design 公司、美国飞思卡尔等公司都有具备温度控制系统的自动分选机产品，一般情况下，高温测试温度可达 125~150℃，低温测试温度可至−50℃，其控温精度可达±1℃。国内尚没有与集成电路自动测试仪集成设计的温控箱，测试时对芯片实际温度的检测能力也有待提高。

3. 发展趋势

依靠自动分选机实现宽温测试是将自动分选机温度仓设置成需要的温度，然后进行测试。由于没有芯片实际温度的检测，所以很难得知在测芯片的实际温度是否在设定的温度范围内。而军用芯片宽温测试需要获得准确的温度特性，因此对在测芯片实际温度的准确检测和控制非常关键，这也是芯片最终测试温度控制水平发展的重要标志和方向。目前没有与集成电路自动测试仪集成设计的温控箱和热流罩，不能保证测试仪准确测量出集成电路的极限性能，不能充分发挥仪器的芯片测试能力。芯片实际温度的检测和控制与测试过程不能完美结合，使芯片的温度特性测试受到限制，不能有效提高宽温测试的效率。

当测试温度在高温、低温和常温之间变化时，测试系统与被测芯片之间的夹具等硬件连接是不变的，如何降低温度对测试信号传输的影响，需要针对测试夹具的接触电阻、通过电流、传输信号带宽和工作温度等方面进行相应的研究，使集成电路测试仪的测试能力覆盖元器件全温度范围的性能指标。

另外，军用芯片对宽温集成电路测试仪器的便捷性、温度控制的范围和精度等的要求更高。因此，需要针对军用集成电路宽温测试开展集成电路宽温性能测试与温度补偿技术研究、宽温测试接口夹具与宽温箱设计技术研究和相应设备研制。

4. 宽温测试技术路线图

表4-2给出了宽温测试技术路线图。

表4-2　宽温测试技术路线图

		2020年	2025年	2030年
需求		宽温测试技术满足特种元器件高可靠性要求		
目标	测试温度范围	−40～+85℃	−55～+125℃	−60～+170℃
	温度控制精度	±2℃	±1℃	±0.5℃
	温度测量精度	±1℃	±0.5℃	±0.5℃
	测试信号速率	≥400Mbps	≥1.25Gbps	≥3.125Gbps
	应用方向	军用及工业用	军用器件	军用器件（新材料）
宽温测试技术发展重点		自主研发综合测试仪配套热流罩、高低温箱及宽温探针台		
		小型化宽温范围热流罩和高低温箱		
		宽温、高速、高可靠探针台		
		大动态、高精度温度测量传感器		
		综合测试仪、宽温系统集成技术		

（二）抗辐照测试技术

1. 抗辐照测试技术的定义

常规的芯片没有考虑辐射的影响，无法保证其能在辐射环境下长期、稳定地工作，因此，需要对辐射带来的影响进行针对性研究、设计、测试和分析，保证芯片可以在辐射环境下稳定工作。辐射因素主要包括辐射总剂量、单粒子效应等，这些效应会使集成电路的性能衰减，出现逻辑错误或永久性损坏，而新技术、新工艺、新材料和新器件的研发又进一步加重了辐射因素的影响。抗辐照测试技术主要研究器件的辐射效应机理、抗辐照总剂量、抗单粒子翻转效应等试验方法和分析技术。通过抗辐照测试和试验，为器件提供设计加固和工艺加固依据，试验测试通常包括地面模拟试验、效应测试、加固性能评估和加固技术机理等技术研究。在空间高能射线和粒子环境下，对电子元器件辐射效应的研究方法主要包括空间在轨搭载试验、计算机模拟仿真和地面模拟试验等方法。

2．发展现状

国外面向空间应用对先进 CMOS 技术面临的问题进行了研究：①超大规模电路内的每个 CMOS 管随着工艺尺寸的减小（如减小到 28 nm 以下）、电流密度的增加（如增加到 $3×10^7 A/cm^2$），电迁移时间会大幅减小；②热载流注入（HCI）效应；③偏压温度不稳定性（NBTI）；④总剂量效应（Total Ionizing Dose，TID）；⑤寿命问题。通过对缺陷产生率的分析、应力条件及器件性能参数的鲁棒控制优化、输入/输出的可靠性仿真等可靠性建模与分析，获得数字和模拟的加固流程，从而使 CMOS 满足空间应用的需求，达到以下效果：①获得满足 50 年以上应用的可靠性水平，包括新型器件架构和大量物理机制相互作用等；②创新具有可靠性感知的设计流程，包括已知的退化模式尺度规则和自恢复数字设计。针对越来越多的光纤通信在宇航系统中的应用，为满足高速串行数据通信互联网络、高可靠性、强实时性、小延迟、高吞吐率和低成本率等需求，集成电路辐照试验按照美军标 MIL-PRF-38534 要求开展，抗辐照能力已达到 46.7 krad（Si）。

我国辐射效应研究工作主要集中在科学院和高等院校，包括中国科学院微电子研究所、中国科学院理化技术研究所、西北核技术研究所、中国工程物理研究院、工业和信息化部电子第五研究所、哈尔滨工业大学等。中国科学院微电子所在集成电路和功率器件方面做出了突出的贡献，在器件设计、加工工艺到辐照试验方法、损伤机理和提参建模等领域，已经形成完备的体系。国内的相关研究内容广泛而深入，器件覆盖双极工艺和 CMOS 工艺的分立器件和集成电路，研究包括中子、电子、质子，γ 射线和 X 射线等引起的总剂量、剂量率效应及位移效应和单粒子翻转效应等，试验方法主要按照国军标 GJB548B—2005 中，方法 1017 中子辐射试验程序、方法 1019.2 电子辐射（总剂量）试验程序、方法 1020.1 剂量率感应锁定试验程序、方法 1021.1

数字微电路的剂量率翻转试验程序、方法 1023.1 线性微电路的剂量率响应和翻转阈值等执行，总体技术水平已达到国际先进水平。在抗辐照模拟器件和数字器件等方面，国内已突破了单粒子和总剂量综合加固设计和工艺技术，以 DC-DC 变换器为例，已形成抗辐照变换器系列及电磁干扰（Electro Magnetic Interference，EMI）滤波器系列数百种，产品覆盖 5～100V 的母线电压，输出电压为 2.5～50V，输出功率为 0.5～100W，最大功率密度可达 120W/in^3，抗总剂量能力达 200krad（Si），抗单粒子能力达 99.8MeV •cm^2/mg。

3．发展趋势

随着微电子技术的进一步发展，如纳米器件、碳化硅（SiC）、氮化镓（GaN）等第三代半导体器件的发展，新型器件基于自身性能优势，必将在宇航领域得到广泛应用。但在具体的应用中，仍需要开展大量的技术研究，如抗电离总剂量加固技术，抗单粒子加固技术，基于加固能力的辐射试验、测试、分析与评估工作等。表 4-3 给出了航天器用器件对抗单粒子翻转效应的具体指标。

表 4-3　航天器用器件对抗单粒子翻转效应的具体指标

等级	抗单粒子反射（SEU）指标	适用范围
1	线性能量传递（LET）阈值≥75MeV • cm^2/mg	所有航天器
2	37MeV • cm^2/mg<LET 阈值<75MeV • cm^2/mg 或 SEU 率<1×10^{-10}/位•天（存储器类）或<1×10^{-5}/器件•天（微处理器类）	所有航天器，应用在关键部位时，须采取防护措施
3	15MeV • cm^2/mg<LET 阈值<37MeV • cm^2/mg 或 SEU 率满足任务要求	航天器评估应用
等级	抗单粒子锁定（SEU）、单粒子烧毁（SEB）、单粒子栅穿（SEGR）指标	适用范围
1	LET 阈值≥90MeV • cm^2/mg	所有航天器
2	65MeV • cm^2/mg<LET 阈值<90MeV • cm^2/mg	所有航天器，应用在关键部位时，须采取防护措施

在试验测试方法研究方面，为提升单粒子翻转试验效率和准确性，需要研究倾斜入射纳米试验方法和器件，以及研究有效 LET 的计算方法；在轨单粒子翻转率预计方法须解决低估器件单粒子翻转率的问题，研究平行六面体预计方法对 SiC、GaN 器件的适用性等问题；在辐射效应机理研究方面，需要开展 SiC、GaN 辐射效应机理研究。

4．抗辐照测试技术路线图

表 4-4 给出了抗辐照测试技术路线图。

表 4-4　抗辐照测试技术路线图

		2020 年	2025 年	2030 年
需求		完善抗辐照试验方法及研究规范		
		建成符合宇航长寿命应用需求的抗辐照试验条件		
目标	抗辐照总剂量	100krad（Si）	200krad（Si）	400krad（Si）
	抗单粒子翻转	75MeV・cm²/mg	150 MeV・cm²/mg	200 MeV・cm²/mg
	单粒子翻转率	$<1\times10^{-10}$/位	$<1\times10^{-11}$/位	$<1\times10^{-12}$/位
	应用方向	宇航产品	宇航产品	长寿命宇航产品
		形成抗辐照试验方法及标准规范		
		形成国产自主可控的符合宇航应用需求的抗辐照试验条件		
抗辐照测试技术发展重点		单粒子翻转试验效率及准确性研究		
		在轨单粒子翻转预计方法研究		
		新器件、新材料、新工艺辐射效应机理研究		

（三）电磁环境效应测试技术

1．电磁环境效应测试技术的定义

在高技术条件下，空间的电磁环境日益复杂，除雷电、静电等自然危害源外，还有通信、雷达、电子战装备和定向能电磁脉冲武器、电磁脉冲炸弹等人为电磁危害源。这些复杂多变的电磁环境，尤其是高功率微波等超快上升沿脉冲电流形成的电磁脉冲场，对现代军事行动中越来越依赖电子设备的信息化武器装备，尤其是电子元器件构成了巨大威胁。为有效防护强电磁脉冲对电子元器件及系统装备的毁伤，降低复杂电磁效应对电子信息装备性能的影响，需要研究元器件电磁环境效应的作用机理、电磁环境效应的测试方法、复杂电磁信号环境构建方法，测试和评估复杂电磁环境效应对电子元器件的性能影响。

2．发展现状

电磁环境效应（Electromagnetic Environmental Effect，E3）指电磁环境对军事力量、装备、系统和作战平台的影响。E3 研究内容涉及电磁科学各领域，包括电磁兼容（Electro Magnetic Compatibility，EMC）和电磁干扰

（Electro Magnetic Interference，EMI）问题、电磁环境脆弱性（Electro Magnetic Vulnerability，EMV）问题、电磁脉冲（Electro Magnetic Pulse，EMP）、静电释放（Electro-Static Discharge，ESD）、电磁辐射对人员、弹药和易挥发物的危害问题、自然界雷电和沉积静电等的影响。传统的电磁环境效应测试主要针对设备和组件进行辐射发射测试、传导抗扰度测试、静电放电抗扰度测试、射频辐射电磁场测试、快速瞬变脉冲群抗扰度测试、浪涌抗扰度测试、射频场感应的传导抗扰度测试、电压跌落、短时中断和电压渐变抗扰度测试等常规的电磁兼容 EMC 测试，对电子元器件除抗静电性能外的电磁环境测试相对较少，而随着高能电磁脉冲武器的研发和服役，电磁环境效应测试和防护逐渐覆盖电子元器件的测试、评估与防护。MIL-STD-883H 和 MIL-PRF-38535J 等美军标均细化了相关的测试要求，美国军队构建了军用标准、应用指南、操作手册及工程指南，构建了电磁环境效应有关的操作、认证方法和过程体系，系统又完备，且具有可操作性。

　　我国也参照美军标 MIL-STD-883 系列标准制定了国军标 GJB548B—2005《微电子器件试验方法和程序》等标准。在电磁脉冲防护器件或模块性能测试方面，性能测试技术主要包括脉冲电流耦合注入法和脉冲电流直接注入法，脉冲发生器输出波主要包括双指数脉冲波和矩形脉冲波，测量的性能参数主要包括限幅电压、过冲峰值电压、限幅响应时间等，但目前国内对电磁脉冲防护器件、模块性能测试缺乏系统研究，尚未形成有效的评价手段及可实施性标准，在测试方法研究和测试装置研制上与国外发达国家有很大差距。

3．发展趋势

　　美国军队关于电磁环境效应的研究已形成体系化、标准化，其军用元器件遵循如 MIL-STD-464A《电磁环境效应要求》、MIL-HDBK-237D《采办过程的电磁环境效应和频谱保障性指南》、MIL-HDBK-253《系统预防电磁能力的设计和试验指南》、MIL-HDBK-235-1B-1993《设计和采购电子设备及电气设备时应考虑的电磁辐射环境因素》、国防部指令 3222.3《国防部电磁环境效应程序等》等，且在元器件方面，MIL-STD-883 系列和 MIL-PRF-38535 标准不断升级。图 4-2 初步列出了系统级电磁环境效应试验覆盖的内容，而且随着系统的发展，SoC 芯片技术日益广泛的应用将导致芯片级的电磁环境效应试验测试从以往的抗静电逐步扩展到电磁干扰、电磁兼容性和电磁易损性等试验测试内容。

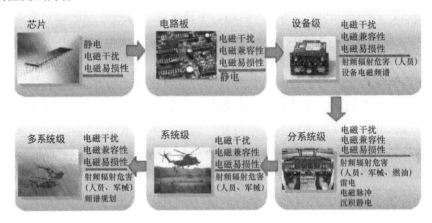

图 4-2　系统级电磁环境效应试验覆盖的内容

资料来源：安规与电磁兼容，北京航空航天大学苏东林。

我国在元器件电磁环境效应试验的系统性和完备性方面尚显不足，与此同时，随着 SoC、SiP、MEMS 等技术的快速发展和应用，以往系统级的试验测试逐步向芯片延伸，随着工艺线逐步向 14nm~7nm/5nm 发展，其测试技术、方法和指标也逐步细化和明确。

4. 电磁环境效应测试技术路线图

表 4-5 给出了电磁环境效应试验技术路线图。

表 4-5　电磁环境效应试验技术路线图

		2020 年	2025 年	2030 年
需求		形成和完善元器件电磁干扰、电磁兼容试验和电磁易损性试验能力		
		完善元器件电磁环境效应试验方法及规范		
目标	试验频率覆盖	40GHz	67GHz	110GHz
	辐射电场强度	10kV/m	50kV/m	100kV/m
		完成电磁环境效应试验方法及规范		
		建成电磁环境效应测试与试验平台		
电磁环境效应测试技术发展重点趋势		元器件电磁干扰技术研究		
		元器件电磁兼容性试验技术研究		
		元器件电磁易损性技术研究		
		新器件、新材料、新工艺电磁环境效应机理研究		

（四）全参数、全功能测试技术

1. 全参数、全功能测试技术的定义

CPU、DSP、GPU、NPU 等高性能处理器，FPGA、SoC、SRAM 等大规模集成电路，GaSa、GaN 等功率半导体器件涉及众多方面的新技术、新材料、新工艺，给元器件带来了新的失效机理和失效模式，对大规模集成电路测试提出了新的挑战：TDDB、HCI、NBTI 和 EM 等特定失效机理带来的可靠性问题；新材料、新技术的验证问题；全速率的性能测试，全范围的功能和故障检测，软、硬件协同的全动态测试等带来的成本和技术难度问题；高管脚密集度、高工作频率、复杂多功能和晶圆级的老炼技术难题。这些挑战需要通过对芯片研制试验全过程的测试数据进行分析来寻找解决方案。

2. 发展现状

MIL-PRF-38535 是美国国防部发布的集成电路通用规范，是美国宇航、军用大规模集成电路生产和试验的依据，经过多个版本的升级、修订，经历了四个重要的里程碑：QPL 转变为 QML、通用规范变为性能规范、新技术验证和 ClassY 等级的引入，并继续发展。欧洲元器件保证体系由欧洲元器件协调委员会（European Space Components Coordination，ESCC）和欧洲航天标准化合作组织（European Cooperation for Space Standardization，ECSS）标准体系构成。以航天为例，我国结合型号发展需求和元器件供应状况，依托通用集成电路设计、制造、试验、测试、鉴定的技术和方法，引入全过程测试大数据技术，构建了宇航用元器件保证体系和航天工程空间元器件采购规范，给出了不同空间项目和使用部位的不同质量等级的空间元器件要求，研究领域涉及宇航鉴定、评估、抗辐射能力评估、应用验证等技术，在采用商用大规模集成电路实现宇航应用加固应用等保证方法方面，逐步形成了一套技术体系，并不断完善。

但通常芯片的全参数、全功能测试分为多个阶段，包括设计阶段的计算机模拟、加速器仿真验证、形式验证、晶圆级静态参数测试和成品功能性能测试验证。一般工业用芯片需要考虑芯片成本，通常以抽样方式对封装后的成品进行芯片全参数、全功能测试；而军用芯片则需要对封装后的所有成品进行全参数、全功能测试，并且还需要进行老炼检验。

3．发展趋势

随着系统小型化、微系统和 SiP 等技术的不断应用，为确保新型军用大规模集成电路的高可靠性和高性能，须重点发展晶圆级鉴定、晶圆级测试与可靠性分析、晶圆级老炼试验等技术。

在晶圆级鉴定技术方面，应结合新材料、新技术和新工艺，基于特定的失效模式和失效机理，针对技术特点的表征或评估、验证和确认要求，扩充鉴定试验内容和方法，包括工艺基线鉴定、评估试验、基于失效模式的应力确定和寿命预计、晶圆级试验鉴定等技术。

在晶圆级测试与可靠性分析技术方面，结合芯片复杂度和集成度越来越高、运行速度越来越快、功能软件化和动态可重构能力不断提升的情况，针对不断延长的测试时间、不断增长的海量测试数据及对新型测试设备的要求，通过测试压缩、低功耗测试和测试调度等测试优化方法减少测试数据量，降低测试功耗并缩短测试时间，包括测试向量自动生成、测试向量智能压缩、集成电路静止电流（Integrated Circuit Quiescent Current，简称 IDDQ）测试、SiP 和 SoC 测试、3D 堆叠测试等技术。

在晶圆级老炼试验技术方面，针对器件引脚数增加、引脚间距缩小、器件功能增加、工作频率提高，以及低工作电压、高定时精度、低时延和小漏电流等测试需求，通过电、热应力加速试验方法，提高老炼效率，包括老炼向量确定、老炼试验插座设计和晶圆级老炼试验技术等。

4．全参数、全功能测试技术路线图

表 4-6 给出了全参数、全功能测试技术路线图。

表 4-6　全参数、全功能测试技术路线图

		2020 年	2025 年	2030 年
需求		满足晶圆级裸片全参数、全功能测试		
		提升晶圆级裸片芯片内外部协同测试能力		
目标	频率	≥10GHz	≥50GHz	≥100GHz
	通道数	≥2KPIN	≥10KPIN	≥50KPIN
	端口漏电流	≤100pA	≤1pA	≤10fA
	时延测试	≤10ps	≤1ps	≤100fs
	定时精度	±2ps	±1ps	±0.5ps
	时间压缩测试效率	提升 10%	提升 20%	提升 40%

（续表）

		2020 年	2025 年	2030 年
目标		完善系列化晶圆级芯片全参数、全功能测试平台		
		提升芯片内建自测试与机台测试一体化技术水平		
全参数、全功能测试技术发展重点		晶圆级鉴定试验技术		
		晶圆级老炼试验技术		
		晶圆级全参数、全功能测试技术		

（五）故障及失效测试技术

1．故障及失效测试技术的定义

随着武器系统性能的提高和功能扩展，对军用集成电路可靠性的要求越来越高。为了提高军用集成电路的可靠性，提升军用集成电路的研发成功率，需要对集成电路的主要故障及失效模式进行测试和分析，借助科学手段进行深入、细致的机理分析和规律研究，有效提高军用集成电路的可靠性。

芯片的故障模式是为了研究故障对数字电路的影响和分析而对故障所做的分类，包括现象和形式。针对典型的故障模型，建立相应的测试和诊断方案，传统的芯片故障包括固定型故障、桥接故障、栅氧层缺陷、开路故障和延迟故障。而失效机理是说明芯片失效的理化本质，从开始失效的原始缺陷退化到失效点的物理过程，进一步确定导致失效的质量缺陷、表面缺陷、结构缺陷，进而确定电学、化学及电磁等方面的机理。

2．发展现状

目前，对军用半导体集成电路和军用厚膜混合集成电路的主要故障模式、失效机理和试验方法有较为成熟的结论及研究方法。军用半导体集成电路故障模式包括参数漂移、致命失效、引线键合故障、芯片裂纹和封装故障。军用厚膜混合集成电路故障模式主要包括器件失效、线焊故障、贴装故障、基片故障和封装故障等，其中，器件缺陷、边缘质量的线焊和沾污是造成失效的主要原因。半导体开路故障的主要失效机理有过电损伤、静电放电损伤、电迁移、应力迁移和金属腐蚀；漏电或短路的主要失效机理有静电放电损伤、过电损伤、PN 结缺陷、介质击穿和时间相关击穿；电参数漂移的主要失效机理是钠离子沾污、封装内部水汽凝结和热载流子效应等。

用于军用集成电路可靠性试验分析的方法主要包括气密性试验、键合强度试验、黏结强度试验、高加速应力试验、温度循环试验和老炼应力筛选试验等，其中，参数漂移和致命失效等故障模式可通过高压蒸煮、高加速应力试验、高湿度高温偏置、高温存贮寿命和工作寿命等试验方法进行筛选；引线键合、芯片裂纹和封装故障可通过温度循环及热冲击等试验进行检验和评价。

3. 发展趋势

在集成电路工艺特征尺寸进入深亚微米阶段后，由于需要适应辐照环境、电磁脉冲冲击环境和电磁效应等需求，热载流子注入效应、负偏置温度不稳定性、时间相关介质击穿和电迁移等电磁效应成为大规模集成电路的主要失效机理，因此，必须研究采用新的试验与测试方法进行环境模拟和多参数测量，采用故障模拟和注入等手段进行故障诊断与定位，相关的集成电路通用规范和国际标准，如 MIL-PRF-38535 和 MIL-STD-883 等也将进一步完善。

进入后摩尔和超越摩尔阶段，在器件结构、沟道材料、连接导线、高介质金属栅、架构系统、制造工艺和封装模式等方面进行创新研发，元器件相应的故障模式及失效机理也将随之发生变化。从超越摩尔角度来看，SiP 将重构封装测试厂的地位和角色，具备系统设计和测试能力，并向方案解决商转变。

芯片设计和封装测试厂将需要突破芯片和电路的故障与失效测试能力，并为系统设计和测试平台提供完善的模型和数据库。

4. 故障与失效测试技术路线图

表 4-7 给出了故障与失效测试技术路线图。

表 4-7　故障与失效测试技术路线图

		2020 年	2025 年	2030 年
需求		为芯片系统设计师提供电路故障模式与失效机理数据库		
		为芯片测试工程师提供测试数据库		
目标	故障测试压缩比	提升 10%	提升 20%	提升 40%
	故障测试覆盖率	90%	95%	99%

（续表）

	2020 年	2025 年	2030 年
目标	提升器件故障测试覆盖率		
	提高器件故障测试效率		
故障与失效测试技术发展重点	新材料、新器件、新工艺引入的故障模式及失效机理研究		
	新材料、新器件、新工艺引入的故障模式测试方法研究		
	新封装引入的故障模式及失效机理研究		
	新封装引入的故障模式测试方法研究		

（六）老炼试验技术

1. 老炼试验的定义

军用集成电路是关系国家命脉的各大重要型号设备的关键和核心，其可靠性水平对国防建设的重要性是不言而喻的。为了保证军用集成电路的高质量和高可靠性，必须进行相应质量等级的可靠性筛选考核。老炼试验（二次筛选）是军用集成电路需要百分之百进行的一项非破坏性试验，是对军用集成电路进行可靠性筛选考核的必要手段和重要方法。老炼试验是温度应力和电应力共同作用的一项可靠性试验，主要通过温度试验设备和电源、电信号仪器配合试验板来实现，通常情况是用集合各种功能于一体的试验设备进行试验。

2. 发展现状

基于军用集成电路的重要地位，美军标 MIL-883-STD 对老炼试验方法进行了具体的要求，该标准一直以来被各国专业人士认可并广泛应用，其自 20 世纪 60 年代至今已进行 7 次修订。而且，近几年集成电路产品规模逐渐扩大，产品应用更加广泛，如今美国的各大半导体公司已经在其更多的军用产品规范中详细规定了产品老炼试验的要求。与常规的老炼试验不同，军用集成电路老炼试验的目的是尽可能地缩短产品投入使用的时间，尽早满足用户预期的需要。近年来，高加速寿命试验、高加速应力筛选，以及逐渐发展的代替常规温/湿度试验而开发的高加速温/湿度应力试验，成为加速试验的研究新趋势，其在传统老炼试验的基础上进行延伸，解决常规的试验方法周期长的弱点，可更快地检验设计缺陷或验证预计寿命。

我国也开始关注可靠性技术的发展。但我国的可靠性技术发展更多地倾向芯片可靠性设计技术和封装工艺可靠性的发展，在可靠性试验技术方面的发展相对较弱，老炼筛选技术作为可靠性试验的重点技术，也并未得到足够的重视。与国际形势相似的是，我国老炼试验技术的研究主要侧重设备的开发和制造，但我国老炼试验技术的研究比较落后。

目前，国际同行业中较有影响力的老炼设备厂商主要集中在美国，美国的可靠性设备厂商在20世纪80年代左右就对老炼试验技术进行了专门研究，并开发研制了专业的老炼测试设备。而意大利、日本及我国的众多可靠性设备厂商在看到市场对老炼试验技术的巨大需求后，也相继进行老炼试验技术及设备的研制。目前我国进口的老炼设备主要是美国的设备，而我国虽然号称研制老炼设备的厂家很多，但实际技术能力相差很大，目前我国老炼试验设备和技术在老炼试验频率、向量深度、信号质量、老炼电压电流和自动控制等方面与国际先进技术仍存在很大差距，但因设备应用简单和维修方便的优势，其适用于一般性的老炼试验。就目前国内老炼设备的使用情况来看，国产设备性能还是得到了一定的认可。我国老炼筛选技术的应用仍主要针对封装后的成品。由于资金和技术水平等有限，我国只有少数国际大企业因批量大和产品性能简单的原因，应用芯片 KGD（良好率）技术进行老炼测试，以节约后期封装成本。

3. 发展趋势

针对国产军用集成电路的老炼试验需求，迫切需要加快老炼试验技术研究和老炼试验设备研发，一是加快研制高性能的老炼设备；二是研制典型军用集成电路 MCU、CPU、DSP、GPU、FPGA、SOC 和 SRAM 等芯片的老炼试验方案；三是考虑到 SiP、微系统技术的快速发展和应用，需要研究晶圆级老炼试验技术。

老炼试验是关系军用集成电路产品质量和可靠性应用最重要的一项可靠性试验，在依据国家相关军用标准的基础上，电路老炼试验的方案是产品能否有效完成老炼试验的重要基础。在进行老炼试验前，首先需要制定老炼试验方案，在方案设计时要注意方案的针对性、可行性、全面性和可靠性。军用集成电路的种类繁多，每个电路的老炼方案设计都要综合考虑电路工作原理、封装设计、应用要求等进行针对性设计。老炼试验不仅用于激发产品的潜在缺陷，还需要根据现有条件进行分析，以完成高覆盖率的测试。

4．老炼试验技术路线图

表 4-8 给出了老炼试验技术路线图。

表 4-8　老炼试验技术路线图

		2020 年	2025 年	2030 年
需求		为复杂高性能芯片提供通用老炼筛选方案		
		提升晶圆级老炼筛选能力		
目标	器件老炼效率	提升 10%	提升 20%	提升 40%
	老炼系统通用性	90%	95%	99%
		提升器件老炼效率		
		提高器件老炼系统的通用性		
老炼测试技术发展重点		高性能通用老炼设备集成技术研究		
		高故障覆盖率老炼试验技术研究		
		晶圆级老炼试验技术		

（七）可测性设计与验证技术

1．可测性设计与验证技术的定义

可测性设计是指在电路的设计阶段就考虑测试问题，使设计出来的电路既能完成规定的功能，又容易测试。集成电路在开展系统和电路设计的同时，考虑测试的要求和便利性，通过增加一定的硬件开销，获得最大可测性。简单地说，可测性设计是为了达到故障检测目的所做的辅助型设计，涉及故障检测率、故障覆盖率和虚警率。可测性设计的注意点：测试矢量尽可能少，测试矢量容易生成，测试矢量生成时间尽可能短，对原始电路其他功能影响最小。

芯片设计验证一般分为几个层面，一个是寄存器传输级（Register Transfer Level，RTL）验证，即时序逻辑与组合逻辑验证；另一个是 FPGA 验证，即将 RTL 下载到 FPGA 中，借助硬件环境实现电路设计的功能和性能确认。两种验证包括前端仿真和后端仿真两种，前端仿真不考虑真实的延时情况，而后端仿真则根据工艺文件考虑实际的延时。如图 4-3 所示为 IP/ASIC/SoC 设计流程与 EDA 技术平台。

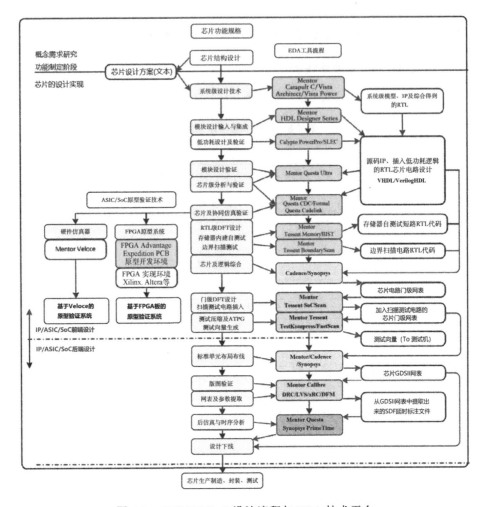

图 4-3　IP/ASIC/SoC 设计流程与 EDA 技术平台

资料来源：CSDN。

2. 发展现状

　　早期的 ASIC 可测性设计技术，主要采用逻辑门层次上的固定逻辑值故障模型为主要的测试故障模型，检测原电路中的桥接故障。故障模型产生的测试矢量形成测试激励输入电路后，与芯片功能电路进行协同综合和优化，降低可测试性设计所产生的延时、面积、功耗和引脚等开销，提高故障检测覆盖率 85%以上，并减少测试矢量和序列生成时间，减少测试时间。可测性设计包括功能电路专项设计、扫描路径测试、内建自测试、边界扫描等结构设计。

近期的 SoC 可测性设计包括基于器件级、IP 核和单元库的可测性设计，主要针对固定型故障模式进行测试。SoC 测试的基本问题包括访问、隔离和控制，目前学术界将 SoC 可测性设计（DFT）的研究划分为核封装、测试寻访机制、测试调度策略，并形成了 IEEE STD 1500 标准，以功能验证的效率提高和验证自动化为前提，仿真验证和形式验证得到了业界的普遍认可。形式验证属于静态验证技术，是指使用形式验证工具检查输出行为是否和预约的输出行为一致，可以实现 100%的功能覆盖率验证，包括等效性检验、模型检查和定理证明。仿真验证是集成电路验证的主要验证方法，在软件环境下模拟硬件电路真实的工作环境，向芯片施加激励，然后检测芯片的输出结果，用来判断芯片设计的功能是否正确。由于软件模拟器仿真模型的局限性，以及芯片规模的不断扩大和功能复杂程度越来越高，为克服软件验证的缺陷，相继出现了基于软件的硬件加速的模拟验证、硬件仿真验证和基于 FPGA 验证。在 DFT 设计软件方面，目前最为强势的主要是 Mentor 公司，业内可测性设计工具软件 80%以上的市场份额被 Mentor 公司占据，Synopsys 公司和 Cadence 公司的软件在个别点上有特色。表 4-9 给出了 Cadance、Mentor、Synopsys 公司的 EDA 设计工具。

表 4-9　Cadance、Mentor、Synopsys 公司的 EDA 设计工具

公　司	软　件	作　用
Synopsys	Astro、ICC/ICC2	超深亚微米 IC 设计，进行设计优化、布局、布线的设计环境
	DFT Compiler	扫描式可测性设计分析工具
	Design Compiler	扫描式设计综合工具
	Physical Compiler	扫描式验证工具
	TetraMAX	自动测试向量生成工具
	Vera	高效、智能、高层次功能验证系统
	VCS	编译型 Verilog 模拟器，支持覆盖率测试功能集成
	Power Compiler	功耗优化综合工具
	EVE	硬件仿真加速器
Mentor	Modelsim 系列	数字设计和仿真
	Eldo 系列	定制设计仿真
	Advanced MS 系列	混合信号电路仿真
	Calibre 系列	块级/芯片级物理设计与验证
	Calibre 系列	布局布线验证

（续表）

公　司	软　件	作　用
Mentor	Calibre 系列	全芯片寄生参数提取
	Calibre 系列	掩模综合
	FastScan、 MBIST Architet TestKompress、YieldAssist	芯片制造测试
	TestKompress、FastScan、 DFTAdvisor、FlexTest	测试向量自动生成及压缩
	MBIST Architect MacroTest	存储器测试
	BSDArchitect	边界扫描
	LBISTArchitect	逻辑测试
	YieldAssist	量产学习和诊断
	Questa 系列	验证工具
	Verification IP	IP 验证工具
	Seamless 系列	软、硬件协同仿真
	Veloce 系列	硬件加速仿真
Cadence	Verilog-xl、Leapforg、 Affirma 系列、Verifault-XL	逻辑设计与验证 LDV
	Virtuoso 系列、Affirma 系列	全定制 IC 设计工具
	SE	布局布线工具
	JasperGold	形式化验证工具
	Xcelium	并行仿真平台
	Palladium	硬件仿真加速器
	Protium	FPGA 原型验证平台

　　根据 EDA 工具的比较情况，在模拟仿真与版图方面，Cadence 公司的 Virtuoso 平台目前使用最为广泛。在数字前端方面，就 RTL 仿真而言，Synopsys 公司的 VCS 最好，Mentor 公司的 Modelsim 次之。在设计综合方面，Synopsys 公司的 Design compiler 占主导地位，Cadence 公司的相应产品 Genus 相对弱一些。在数字后端方面，Synopsys 公司的 ICC/ICC2 与 Cadence 公司的 EDI/Innovus 业内使用最多，Mentor 公司的 Olympus 使用客户很少。在 DFT 方面，BSCAN 以 Mentor 公司的 BSDArchitect、Sysnopsy 公司的 BSDCompiler 为主，MBIST 以 Mentor 公司的 MBIST Architect 和 TessentMBIST 为主，ATPG 以 Mentor 公司的 TestKompress 和 Synopsys 公司的 TetraMAX 为主。在 Signoff

和 Timing 方面，Synopsys 公司 PrineT 占主导地位，Cadence 公司的 tempus 也有一部分客户在用。在物理层方面，Mentor 公司的 Calibre 占主导地位，Synopsys 公司的 ICV 和 Cadence 公司的 PVS 也占有小部分份额。

随着芯片复杂度的提高，验证测试变得越来越重要，对芯片显著的改进不仅在设计流程中进行，也在芯片调试和验证流程中反复进行。因此，为帮助 IC 设计企业缩短验证时间、加快产品上市，大型 EDA 工具提供商均致力于加强硬件仿真工具的开发与相关市场的经营。Cadence 公司于 2013 年 9 月推出新一代验证计算平台 Palladium XP II，容量扩展至 23 亿门。Synopsys 公司则在 2012 年收购了仿真工具供应商 EVE，强化了其硬件辅助验证产品线。Mentor 公司亦于 2012 年推出高速多功能硬件加速仿真器 Veloce。全球三大 EDA 公司均已涉足硬件仿真器市场，并进行激烈竞争，其他第三方 FPGA 仿真器验证则占据了很小的市场份额，如表 4-10 所示为其他第三方 FPGA 仿真器产品。

表 4-10 其他第三方 FPGA 仿真器产品

公　司	型　号	结　构
Gidel	PROCStarII	4xStratix II 60-180
AMO	Vwnus-X	3/6/9xXC2V6000
White-eagle	Scallopwing	4xXC2V8000
HARDI	HAPS-10	4xXC2V6000/8000
Dini	DN6000K10	9xVII-Pro2VP100

3. 发展趋势

目前，大部分 DFT 研究项目开始转向了纳米/GHz 级 SoC/SiP 的设计，特别是纳米/GHz 级集成电路设计中信号完整性设计和验证的研究。同时，考虑到高可靠芯片的设计和测试要求，未来芯片设计、测试、验证和评估将呈现一体化的趋势。

20 年前集成电路的设计以门为主，现在以 IP 为主，IP 的复用技术成为推动验证方法演变的重要因素。随着设计验证重要性的提升、IC 复杂度的提高，高效的设计验证方法和工具的设计开发思路也在发生变化。

首先，随着 IP 模块化的发展，设计验证开始以 IP 为主；其次，高速度、高性能和高容量成为对仿真工具的重要要求；最后，软件在芯片中的比例和重要性上升，也导致设计验证的复杂化。表 4-11 给出了可测试设计与验证技术路线图。

表 4-11　可测试设计与验证技术路线图

		2020 年	2025 年	2030 年
需求		芯片设计、测试、验证与评估一体化		
目标	SCAN 测试覆盖率	80%	90%	95%
	BIST 测试覆盖率	95%	99%	100%
	参数验证测试覆盖率	90%	95%	100%
	功能验证测试覆盖率	90%	95%	100%
	结构验证测试覆盖率	90%	95%	100%
	提高器件可测性设计与验证覆盖率			
	研究国产自主可控 IP 验证工具			
	研究国产自主可控仿真加速器			
可测试设计与验证技术发展重点	复杂芯片设计、测试、验证与评估一体化技术体系研究			
	IP 测试与验证技术研究			
	国产自主可控仿真加速器实现技术研究			
	SoC/SiP 设计验证工具研究			
	嵌入式软件验证技术研究			

第五章

电力电子的测试技术与产品

一、电力电子产品技术现状

功率半导体器件（Power Semiconductor Device）又称电力电子器件（Power Electronic Device），主要用于电能的转换与控制，实现电能的传输、处理、存储、转化和控制等，是功率处理的基础与核心器件，是弱电控制与强电运行间的桥梁。功率半导体器件种类多样，以市场产值及使用量为划分依据，二极管（Diode）、MOSFET（Metal Oxide Semiconductor Field Effect Transistor）和 IGBT（Insulated Gate Bipolar Transistor）是功率半导体领域的三大主力器件，占据功率半导体 80%左右的市场份额（见图 5-1）。

20 世纪 80 年代以来，随着微电子技术的发展，以栅控功率半导体器件技术为代表的现代功率半导体技术得到了迅速发展，进而极大地推动了电力电子技术的进步。电力电子技术的不断进步反过来又促使功率半导体技术向高频、高温、高压、大功率及智能化、系统化方向迈进。由于功率半导体器件性能的不断增强，其应用范围已经从传统的工业控制、汽车电子、计算机和通信消费类电子设备等领域，扩展到新能源、轨道交通、智能电网和航空航天等新兴领域（见图 5-2）。

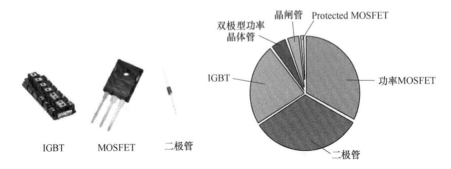

图 5-1　主要功率半导体器件及其不同类型产品的市场占比

资料来源：东兴证券研究所、WSTS、HIS，2016 年。

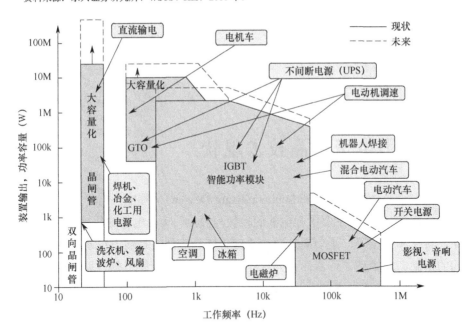

图 5-2　功率半导体器件的应用领域示意

按照功率半导体器件输出功率大小的不同，其应用领域可划分如下。

（1）小功率范围（W～kW 级）：应用于冰箱、洗衣机、空调等白色家电；台式电脑、笔记本电脑、手机及程控交换机等通信设备、服务器设备的开关电源等，提升电能的利用效率。

（2）中功率范围（kW～MW 级）：应用于新能源汽车（Electric Vehicle/Hybrid Electric Vehicle，EV/HEV），提高单次充电续航里程；应用于光伏发电、逆变器，提高电源的转换效率；应用于重型工业设备的高频电源转换器，实现大功率和高频率。

（3）大功率范围（MW～GW）：应用于高压直流（High Voltage Direct Current，HVDC）输电系统、机械制造、钢铁冶炼、机车大功率牵引及调速装置等，实现大功率转换与输出。

未来，随着器件物理与技术的不断革新，不同应用范围的功率半导体器件都将朝着功率大容量化的方向发展，以实现高功率密度和低损耗。

（一）功率二极管技术发展及产品

功率二极管也称功率整流二极管，具有结构、原理简单，工作可靠性高的优点，在中高频整流、逆变及低压高频整流等应用场合，具有不可替代的地位，几乎所有电力电子电路中都有功率二极管。目前，商业化的功率二极管以肖特基势垒功率二极管（Schottky Barrier Diode，SBD）和 PIN 功率二极管为主，并逐步拓展到 SiC 等其他半导体材料。由于功率二极管需要承受高反向阻断电压，在结构中需要有一个低掺杂的耐压层来承受高压，其应用要求通态压降 V_F 低，反向漏电 I_R 小，反向恢复时间 t_{rr} 短，这些也构成了衡量该类器件性能优劣的关键参数。

肖特基势垒功率二极管是指以金属与半导体接触形成的肖特基势垒为基础的功率二极管。肖特基势垒功率二极管为多数载流子（多子）器件，具有很低的通态压降，极短的反向恢复时间（10～40ns）和极高的开关频率，因此，其开关损耗、通态损耗小，效率高。但由于没有电导调制效应，耐压层电阻与器件耐压间的 2.5 次方矛盾关系阻碍了其高压大电流应用，导致肖特基势垒功率二极管通常只能工作在 200V 以下的电压范围内，存在反向耐压低、漏电流大的缺点，且反向漏电流对温度敏感，具有正温度系数，高温特性差，工作结温通常不能超过 150℃。

PIN 功率二极管反偏（阴极加高电位，阳极加低电位）时耗尽层主要在 i 区展宽，使得器件承受高耐压，反偏 PN 结也使得 PIN 功率二极管具有较低的泄漏电流。当器件正偏（阳极加高电位，阴极加低电位）时，P^+ 区向 i 区注入空穴，产生电导调制效应，大大降低了 i 区的电阻率，使得 PIN 功率二极管兼具高耐压和大电流的特性，从而可以应用在电机控制等功率器件中，具有能阻断 300～5 000V 电压的能力，弥补了肖特基势垒功率二极管在高压大电流应用中存在的不足。但是 PIN 功率二极管在关断过程中需要通过抽取或者复合的形式使过剩载流子消失，导致反向恢复时间大大增加，限制了其在高频领域的应用，特别在高频整流和功率半导体开关器件保护等应用领域更是捉襟见肘。

为实现更短的反向恢复时间，通常在工艺上采用电子辐照或铂、金等重金属掺杂的寿命控制技术，可实现反向恢复时间低于 5μs，这类二极管称为快恢复二极管（Fast Recovery Diode，FRD）。但快恢复特性削弱了电导调制效应，导致器件通态压降增高，一般较肖特基势垒功率二极管更高。相对于快恢复二极管的数百纳秒或更长的反向恢复时间，通常把反向恢复时间在 100ns 以下，甚至达到 20～30ns 的二极管称为超快恢复二极管（Super Fast Recovery Diode，SFRD）。其反向恢复时间指标已接近肖特基势垒功率二极管，因此广泛用于开关电源、脉宽调制（Pulse Width Modulation，PWM）、不间断电源（Uninterrupted Power Supply，UPS）、交流电动机变频调速（Variable Voltage Variable Frequency，VVVF）、高频加热等领域，作为高频、大电流的续流二极管或整流管使用。

作为第三代宽禁带半导体材料的代表，碳化硅（SiC）材料具有如下特点：临界电场强度为（2～4）×10^6V/cm，是 Si 材料的 10 倍，更适合高压大功率应用；热传导率为 4.9W/（cm·K），约为 Si 材料的 3 倍，导热性能好，可减少高功率设备的散热系统体积，并可应用于高温恶劣环境；具有高饱和电子漂移速度和低介电常数，更适合在高频、高速下工作。因此，SiC 材料性能优异，成为目前功率半导体器件研发的热点。商业化 SiC 基功率二极管以肖特基势垒功率二极管为主，JBS（Junction Barrier Schottky）是目前商业化 SiC 肖特基势垒功率二极管的主力结构。由于 SiC 肖特基势垒功率二极管结电容很小且多子导电，使得器件关断过程很快，开关损耗小，是高压、快速、低功耗、耐高温的理想器件，主要电压应用范围覆盖 600～3 300V，应用于开关模式电源（Switching Mode Power Supply，SMPS）的有源功率因数校正、太阳能逆变器、UPS、变频家电及轨道交通等领域。目前，以中车株洲电力机车研究所为代表的国内功率半导体研发团队，在 SiC 器件的研制上取得了长足进步，已实现（600～6 500）V/（5～200）A 的 SiC FRD 二极管产品。

（二）功率 MOSFET 技术发展及产品

功率 MOSFET 即金属氧化物半导体场效应晶体管，是高频、中小功率领域内主流的功率半导体开关器件，也是 DC-DC 转换的核心器件，在功率半导体器件中占据最大的市场份额。功率 MOSFET 起源于 1975 年由 IR 公司推出的 VVMOS（Vertical V-groove MOSFET），为了改善 V 形槽顶端的关态高电场与开态电流集中效应，发展出 VUMOS（Vertical U-groove MOSFET），但这两类器件在工艺上依赖各向异性的湿法腐蚀，稳定性不佳。平面型的 VDMOS（Vertical Double Diffused MOSFET）的发明解决了工艺稳定性问题，进而成为功率 MOSFET 的主力结构并沿用至今。

功率 MOSFET 常用于计算机的 CPU、LED 照明驱动、风机等的供电控制，要求小体积、低损耗和大电流。需要在给定的封装体积内实现大电流，器件层面唯一可行的方法就是降低器件的比导通电阻 $R_{on,sp}$。从结构上看，功率 MOSFET 通常由多个元胞组成，常规元胞可分解为表面起控制作用的 MOSFET 和电学特性上类似电阻的单一 N 型或者 P 型掺杂的阻性耐压层结构，其技术沿着元胞结构优化、耐压层创新和宽禁带半导体三个方向发展。

功率 MOSFET 是低压（<200V）领域内最好的功率开关器件，随着器件制造工艺朝着亚微米甚至深亚微米发展，一种行之有效的降低器件 $R_{on,sp}$ 的方法是增加单位面积内的元胞密度，但常规平面栅器件固有的结型场效应晶体管（JFET）电阻会随着元胞宽度的缩小而迅速增大，导致元胞密度难以增加。因此，人们发明了槽栅功率 MOSFET 器件，利用沟槽刻蚀工艺将导电沟道变为纵向，消除 JFET 区电阻，进一步增加元胞密度，从而使电流处理能力得到极大的提高，满足了小体积、低功耗和大电流的应用需求。必须指出的是，随着元胞密度的提升，虽然器件的 $R_{on,sp}$ 大大降低，但栅电荷 Q_g 随着元胞密度的增加而增加，导致开关损耗增大。为获得更低的优值（$R_{on,sp} \times Q_g$），目前工业界主要采用槽底厚栅氧和分离栅技术（Split-gate，也称为屏蔽栅：Shielded-gate），以满足高频 DC-DC 转换、大电流整流和高低边驱动等高频、低功耗应用。

当功率 MOSFET 应用于中压领域，特别是电压在 600 V 以上时，由于耐压层电阻占据了 $R_{on,sp}$ 的主要部分，元胞密度增加带来的导通电阻降低对整个器件而言杯水车薪，难以奏效。事实上，在功率 MOSFET 发明以后，人们很快从理论上发现，其耐压层 $R_{on,sp}$ 和器件耐压 V_B 之间存在 $R_{on,sp}=5.93\times10^{-9}V_B{}^{2.5}$ 的矛盾关系，使器件功耗随耐压剧增，成为制约功率 MOSFET 高压应用的"硅极限"。为了解决这一矛盾，一种基于电子科技大学陈星弼院士的中美发明专利，打破了传统功率 MOSFET 器件的理论极限，被国际上盛誉为"功率 MOS 器件领域里程碑"的新型功率 MOS 器件——CoolMOS 于 1998 年问世并很快走向市场。CoolMOS 在常规耐压层内部引入了交替的横向 P/N 结，形成了全新的结型耐压层结构（陈院士称其为复合缓冲层：Composite Buffer Layer，国际上又称为 Super Junction 结构、Multi-RESURF 结构或 3D RESURF 结构等）。这种从阻型到结型的转变，是功率半导体器件耐压层结构的一次质变，使得功率 MOSFET 器件 $R_{on,sp}$ 和 V_B 之间的矛盾关系从常规的 2.5 次方，降低到 1.32 次方，甚至 1.03 次方的准线性关系。目前，国际上已有包括 Infineon、IR、Toshiba、Fairchild、STMicroelectronics、MicroSemi、IXYS、Fuji Electric、ON Semi、Renesas Electronics、NXP 和我国华虹宏力、杭州士兰微等多家公司采用了该结构生产 600～900V 低功耗功率 MOSFET。

近年来，Si 基功率半导体器件的设计和制造工艺日趋完善，其性能指标已接近 Si 材料特性决定的理论极限，而宽禁带材料，如 SiC 的出现则给功率 MOSFET 领域注入了新的活力。2011 年，日本 Rohm 公司、美国 Cree 公司实现了 400～1 700V 电压等级的 SiC 功率 MOSFET 量产。中国本土企业紧跟国外先进技术，努力研发国产 SiC 功率 MOSFET 器件。2017 年 12 月，中国中车时代电气 6 英寸 SiC 产业基地建成，具备了完整的 SiC 器件生产制造能力，国产 SiC MOSFET 器件指日可待。虽然 SiC 功率 MOSFET 器件的研发须解决低沟道迁移率和栅氧层的长期可靠性等新问题，但总体发展趋势与硅器件类似，正在积极开发基于槽栅及超结的新器件结构。

（三）IGBT 技术发展及产品

绝缘栅双极型晶体管 IGBT 最早出现在 20 世纪 70 年代后期，在 VDMOS 结构的基础上巧妙地将 N^+ 衬底换为 P^+ 衬底，器件背面的 PN 结在正向导通时引入电导调制效应，使 IGBT 导电机制从 VDMOS 的多数载流子导电变为双极载流子导电，这种导电模式的转变使得 IGBT 不但兼具双极型器件导通电流大、导通损耗小和 MOS 器件输入阻抗高、控制功率小、易于驱动、开关快、频率特性好的双重优点，还具有安全工作区宽、易于并联等独特优势，因而发展很快，已成为中高功率电力电子领域的主流功率开关器件。目前，IGBT已被广泛地应用于国民经济的各个领域，如高铁、新能源汽车、智能电网、工业控制、通信、风能、太阳能等，是实现节能设备高效率、低功耗和高性能的核心器件。IGBT 的应用可实现功率电子装置节电 10%～40%，电气设备频率大大提高，体积缩小到原来的 1/20～1/10，节约材料 40%～80%。当前，商业化的单个 IGBT 器件电压应用范围覆盖 370～6 500V，应用频率可达150～200kHz。

　　随着 IGBT 器件技术和应用领域的发展，业界对器件的高性能的追求一直没有停止，在衬底的设计与制备方面，近年来硅片减薄工艺的不断进步，使得 IGBT 衬底经历了从厚外延穿通（Punch-Through，PT）结构到区熔单晶片非穿通（Non-Punch-Through，NPT）结构，再到场阻（Field Stop，FS）结构的发展历程，衬底厚度持续减薄。在同等耐压下，和 NPT 结构相比，FS结构硅片厚度减小约 1/3，如 600V IGBT 的硅片厚度减薄后仅为 70μm 左右，器件在保持导通饱和压降正电阻温度系数优点的同时，薄漂移区中的过剩载流子数目减少，关断时间缩短，提高了器件的关断速度，降低了开关损耗。在耐压层结构方面，由超结和半超结等构成的结型耐压层也被用于 IGBT，可实现比传统 FS IGBT 更薄的漂移区和更高的掺杂浓度，器件正向导通压降进一步被降低，结型耐压层同时减少了储存在漂移区的过剩载流子数目，提高了器件的关断速度。此外，为进一步改善导通压降和关断损耗，提高器件的短路安全性能，提出了发射极载流子浓度增强技术；为降低器件的集电极注入效率，提供器件关断时载流子抽取通道，实现缩短关断时间的目的，提出了 IGBT 透明集电极及阳极短路结构技术。

　　根据总体发展趋势，业界一般认为 IGBT 已经历六代的发展演变。在DMOS 工艺的基础上，从第一代采用异质双外延制造的直拉单晶片平面栅 PT型结构开始，逐渐发展到普遍商业量产的区熔晶片槽栅电场截止 FS 型、载流子存储层（Carrier Stored Trench Bipolar Transistor，CSTBT）、逆导（Reverse Conducting，RC）、逆阻（Reverse Blocking，RB）等结构。在元胞结构更精细的同时，芯片内部还自带 ESD、过温、过流、短路保护功能，未来 IGBT将继续向载流子注入增强、精细图形、槽栅结构和薄片加工工艺方向发展，同时压接式封装、高集成度也是 IGBT 的发展方向。在高压大电流应用领域，为提高系统可靠性，减小系统的体积，大功率 IGBT 模块封装技术得到了快速发展。通过将多个 IGBT 芯片、反向并联 FRD 芯片及热敏电阻等以单相半桥、全桥或三相全桥等电路的形式封装在一个模块中，从而承受数千安培的大电流。

目前，IGBT 的主要生产厂家包括 Infineon、ABB、ON Semiconductor（旧 Fairchild）、IXYS、Renesas、三菱电机及富士电机等国际半导体企业。其中，德国 Infineon 是全球 IGBT 领域的龙头企业之一，其分立式 IGBT 以 24.7%的市场占有率位居第一，其 IGBT 模块则以 20.5%的市场占有率位居第二。我国 IGBT 技术以中车集团的株洲时代电气最为领先，现已建成全球第二条、国内首条 8 英寸 IGBT 专业生产线，具备年产 12 万片晶圆、100 万只 IGBT 模块的自动化封装测试能力，芯片与模块的电压应用实现从 650V 到 6 500V 全覆盖。

以 SiC 为代表的宽禁带半导体材料的高临界电场非常适用于 IGBT 的高压、大功率应用领域，但是 SiC 材料中载流子寿命受到碳空位缺陷 $Z_{1/2}$ 和 $EH_{6/7}$ 等缺陷中心的严重影响，存在深能级缺陷密度大、载流子寿命短、双极扩散长度小、电导调制效应弱等亟待解决的问题，SiC IGBT 至今仍然处于研发阶段。

二、功率半导体器件测试技术

功率半导体器件主要涵盖功率二极管、功率 MOSFET、IGBT 这三类器件，也是市场占有率最高、应用最广泛的器件。为满足该类型器件的选型、使用需求，准确测试其各项参数就变得非常重要。功率半导体器件的特性参数主要包括稳态参数、动态参数、雪崩耐量及热阻等。

（一）功率半导体器件稳态参数测试

稳态参数指器件的基本指标性参数，如表 5-1～表 5-3 所示，主要包含器件的耐压、漏电流、导通压降、阈值电压、导通电阻等。测试时，为避免由于器件发热引起测量误差或测试数据漂移、不稳定，依据美军标 MIL-STD-750 4.3.2，国军标 GJB 128A—1997 4.3.2《半导体分立器件试验方法》的规定，采用"脉冲测试"的方法，脉冲时间（t_p）不大于 10ms，占空比最大为 2%。在此范围内，脉冲必须长至足以适应试验设备的能力和所要求的准确度，短至足以避免发热。在测试电路的要求中，并没有规定唯一的可用电路，只需承制方有关单位证明测试结果不会超过要求的准确度即可。测试设备通常由高压电压源、脉冲大电流源、可测试大电流的恒压源、小电流源、小电压源、数字电压表等多个模块组合而成，测试过程由测试软件控制，可实现点测或特性曲线精确测试。

表 5-1　功率二极管主要稳态参数

项目名称	项目内容
V_{RM}	直流阻断电压（DC Blocking Voltage）
V_F	正向导通压降（Forward Voltage Drop）
I_R	泄漏电流（Leakage Current）

表 5-2　功率 MOSFET 主要稳态参数

项目名称	项目内容
$V_{(BR)DSS}$	漏源击穿电压（Drain-to-Source Breakdown Voltage）
I_{DSS}	漏源泄漏电流（Drain-to-Source Leakage Current）
I_{GSS}	栅源正向/反向泄漏电流（Gate-to-Source Forward/Reverse Leakage Current）
$R_{DS(on)}$	静态漏源导通电阻（Static Drain-to-Source on Resistance）
$V_{GS(th)}$	阈值电压（Gate Threshold Voltage）
g_{fs}	正向跨导（Forward Transconductance）
V_{SD}	体二极管正向压降（Diode Forward Voltage）

表 5-3　IGBT 主要稳态参数

项目名称	项目内容
V_{CE}	集电极−发射极击穿电压（Collector-Emitter Breakdown Voltage）
I_{CES}	零栅电压集电极电流（Zero Gate Voltage Collector Current）
I_{GES}	栅极−发射极泄漏电流（Gate-Emitter Leakage Current）
$V_{CE(sat)}$	集电极−发射极饱和电压（Collector-Emitter saturation Voltage）
$V_{GE(th)}$	阈值电压（Gate-Emitter Threshold Voltage）
g_{fs}	正向跨导（Forward Transconductance）

国外稳态测试设备制造商主要有 Tesec、泰克、安捷伦、JUNO 等，高压大电流模块封装测试设备则主要集中在瑞士 LEMSYS，美国 STI、IST（见图 5-3 和图 5-4），德国 SCHUSTER 等企业中。稳态参数测试技术相对简单，测试原理、方法也无技术壁垒，因此，我国能设计制造相关稳态参数测试设备的厂商较多，产品基本可以满足国内中低压领域封装测试市场的需求，未来还需要在测试精度、设备可靠性、稳定性等方面继续精益求精，以缩短与国外企业的差距。

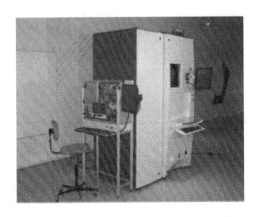

图 5-3 瑞士 LEMSYSTRsp 1070 稳态测试系统（测试指标：7 000V/1 000A）

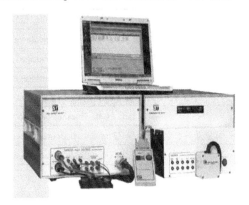

图 5-4 美国 STIST-5300 稳态测试系统（测试指标：2 000V/1 200A）

（二）动态参数测试

功率二极管、功率 MOSFET、IGBT 的动态参数主要包括器件的开关时间、电容、栅电荷、反向恢复时间等（见表 5-4～表 5-6），反映了器件的开关性能、动态损耗、器件工作的可靠性等关键性能。在国军标 GJB 128A—97、美军标 MIL-STD-750 中，对于动态参数的测试方法从测试目的、程序、测试电路等方面给出了详细的规定。

表 5-4 功率二极管动态参数

项目名称	项目内容
T_{rr}	反向恢复时间（Reverse Recovery Time）
Q_{rr}	反向恢复电荷（Reverse Recovery Charge）

表 5-5　功率 MOSFET 动态参数

项目名称	项目内容
Q_g	总栅电荷（Total Gate Charge）
Q_{gs}	栅源电荷（Gate-to-Source Charge）
Q_{gd}	栅漏电荷（Gate-to-DrainCharge）
$t_{d(on)}$	导通延迟时间（Turn-on Delay Time）
t_r	上升时间（Rise Time）
$t_{d(off)}$	截止延迟时间（Turn-off Delay Time）
C_{iss}	输入电容（Input Capacitance）
C_{oss}	输出电容（Output Capacitance）
C_{rss}	反向传输电容（Reverse Transfer Capacitance）
T_{rr}	反向恢复时间（Reverse Recovery Time）
Q_{rr}	反向恢复电荷（Reverse Recovery Charge）

表 5-6　IGBT 动态参数

项目名称	项目内容
Q_g	总栅电荷（Total Gate Charge）
Q_{ge}	栅极–发射极电荷（Gate-to-Emitter Charge）
Q_{gc}	栅极–集电极电荷（Gate-to- Collector Charge）
$t_{d(on)}$	导通延迟时间（Turn-on Delay Time）
t_r	上升时间（Rise Time）
$t_{d(off)}$	截止延迟时间（Turn-off Delay Time）
E_{on}	导通时能量损耗（Turn-on Energy）
E_{off}	关断时能量损耗（Turn-off Energy）
C_{es}	输入电容（Input Capacitance）
C_{oes}	输出电容（Output Capacitance）
C_{res}	反向传输电容（Reverse Transfer Capacitance）

1．栅电荷测试技术

栅电荷是衡量功率 MOSFET、IGBT 开关性能的重要参数，对器件的开关频率起到决定性作用。若要有效降低开关损耗，就需要降低栅电荷的大小。在表征半导体功率器件动态特性时，栅输入电容本身不能直接计算出在给定的时间内器件完成开关转换需要多大的栅电流，且在比较两个器件之间的转换特性的优劣时，不能直接得出准确结果，相比之下，栅电荷比输入电容参数更直观。

以 MOSFET 为例（对于 IGBT，用集电极和发射极分别代替 MOSFET 的漏极和源极，即 D=C，S=E），具体参数如下。

（1）Q_g 总栅电荷（Total Gate Charge）：在一定栅源电压下，使器件的导通电阻达到特定值的栅极总电荷量。

（2）Q_{gs} 栅源电荷（Gate to Source Charge）：达到特定 I_D 值时，电容 C_{GS} 所需的栅-源电荷量。

（3）Q_{gd} 栅漏电荷（Gate to Drain Charge）：在特定 I_D 值下，施加在漏-栅两端，使得漏压变化时所需的电荷量。

按照 MIL-STD-750E METHOD 3471.2，对于栅电荷的测量方法是：利用恒定电流驱动器件栅极，得到相应栅源电压的响应。恒定栅电流使得栅源电压与栅电荷形成函数关系。栅电流的量级应该保证器件的通态时间在 100μs 量级。相应的栅源电压波形为非线性曲线，表示器件从低频到中频范围内的特性；相应曲线斜率的倒数表示器件有效电容值。IGBT 器件的测试原理与 MOSFET 相同。

通常用在栅极输入电流阶跃信号的方法来测量栅电荷，具体测试电路与测试波形示意如图 5-5 所示。

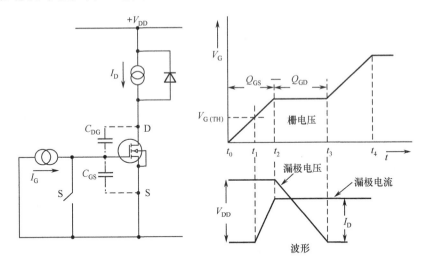

图 5-5　栅电荷测试电路与测试波形示意

资料来源：MIL-STD-750E METHOD 3471.2 FIGURE 3471-2, 3471-5。

（1）在 t_0 之前，开关 S 关闭，V_G 和 I_D 为零，在 t_0 时刻开关 S 打开，栅-源电容开始充电，栅-源电压增加，当栅极电压达到阈值电压时，漏极有电流流过。

（2）在 $t_1 \sim t_2$ 时间段内，栅-源电容继续充电，V_G 继续上升，I_D 相应增加，DUT 电压为 V_{DD}，漏-栅电容 C_{GD} 保持固定值。这段时间 C_{GD} 的充电电

流远小于 C_{GS}，C_{GD} 可以忽略，此阶段满足器件转移特性约束条件。

（3）在 t_2 时刻，漏极电流达到 I_D，漏极电压不再保持为 V_{DD}，而是开始下降。由于 DUT 的固有转换特性，栅极电压随 I_D 变化，因为 I_D 保持不变，所以栅-源电容不再消耗能量，驱动电流转移到米勒电容 C_{GD} 上，使 C_{GD} 充电。

（4）在 $t_2 \sim t_3$ 时间段，从 t_2 时刻开始，漏极电压开始下降，直至 t_3 时刻，所以 C_{GD} 上总的驱动电荷比栅-源电容 C_{GS} 电荷要高，在 t_3 时刻，漏极电压降到等于 I_D 与通态电阻 $R_{DS(on)}$ 的乘积。

（5）在 $t_3 \sim t_4$ 时间段内，为了维持器件在导通条件下的导通压降和额定电流值，继续对 C_{GS}、C_{GD} 电容充电。在 t_4 时刻，当栅极电压等于栅极电路电流源的电压时，栅-源电压与驱动电路的电荷成一定比例。因此 $t_0 \sim t_2$ 时间段由栅-源电容消耗电荷量 Q_{GS}，$t_2 \sim t_3$ 时间段由栅-漏电容或米勒电容消耗电荷量 Q_{GD}，在 t_3 时刻的总电荷是变化的 V_{DD} 和 I_D 的电荷量。栅漏电容是栅漏电压的非线性函数。

根据 MIL-STD-750C、Notice 2、Method 3471 的说明，若漏端为高阻抗的负载，则 N 沟道和 P 沟道 MOSFET 的栅极开启和关断波形是镜像关系，故实际测试中通常采用栅极关断过程中的波形栅电荷参数 Q_g、Q_{gs}、Q_{gd} 对应的实测波形如图 5-6 所示。

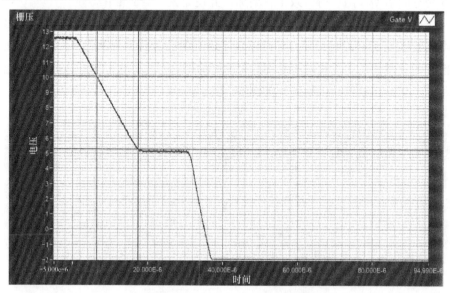

图 5-6　栅电荷参数 Q_g、Q_{gs}、Q_{gd} 对应的实测波形

设备：美国 ITC57300。

2. 栅电容测试技术

功率器件不同端点间的电容直接影响其开关行为，在进行电路设计时，设计者需要充分了解器件的电容值，才能使功率器件与其他电路元件构成更好的匹配。

（1）以 MOSFET 为例（对于 IGBT，用集电极和发射极分别代替 MOSFET 的漏极和源极，即 D=C，S=E），具体参数如下。

（2）C_{gs}：栅–源电容（Gate to Source Capacitance）。

（3）C_{gd}：栅–漏电容（Gate to Drain Capacitance）。

（4）C_{ds}：漏–源电容（Drain to Source Capacitance）。

（5）C_{iss}：输入电容（Input Capacitance）：$C_{iss}=C_{gs}+C_{gd}$，对应在 MOSFET 中，测试时便得漏–源端短接。

（6）C_{oss}：输出电容（Output Capacitance），$C_{oss}=C_{gd}+C_{ds}$，对应在 MOSFET 中，测试时便得栅–源端短接。输出电容是影响电路响应的主要参数，其充/放电过程受漏端电流影响。

（7）C_{rss}：反向传输电容（Reverse Transfer Capacitance），$C_{rss}=C_{gd}$，对应在 MOSFET 中，测试时使得栅–源端短接。该电容会引入米勒效应，即因器件跨导的倍增作用使得有效电容增加，并使栅驱动响应退化。

C_{gs}、C_{gd}、C_{ds} 用来定义器件结构及其物理意义；C_{iss}、C_{oss}、C_{rss} 表征其对电路特性的影响，同时因为其可以直接通过测试得到，所以更广泛地应用在器件的使用手册中。按照 MIL-STD-750E METHOD 3240.1，输入电容测试电路示意（输出端开路或短路）如图 5-7 所示。

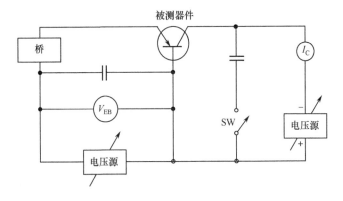

图 5-7　输入电容测试电路示意（输出端开路或短路）

资料来源：MIL-STD-750E METHOD 3240.1 FIGURE 3240-1。

其中，输入端桥模块的直流阻抗较低，在传导所需发射极电流的同时，不影响其测量精度；测试时需要在输入端施加一个交流信号。根据输出端为交流开路还是交流短路，开关 SW 将相应断开或闭合；同时，要确定测试电压值或电流值，以及小信号的测试频率，一般采用的频率为 f=1MHz。

按照 MIL-STD-750E METHOD 3236，晶体管的开路输出电容测试电路示意如图 5-8 所示。

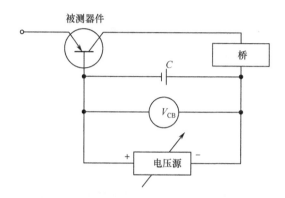

图 5-8　晶体管的开路输出电容测试电路示意

资料来源：MIL-STD-750E METHOD 3236 FIGURE 3236-1。

测试电路采用共基极结构，其中的输入端桥模块的直流阻抗较低，在传导所需发射极电流的同时，不影响其测量精度；发射极为交流开路时，需要指定测试频率，一般为 1MHz，其中的测试电容 C 的电容值应该足够大，使得在测试频率下等效为短路。

按照 MIL-STD-750E METHOD 3433，晶体管的小信号、共源极、短路时的反向传输电容测试电路示意如图 5-9 所示。

测试电路采用共源极结构，为了给输入端提供有效的短路通路，桥模块端口 2 的交流电势要和保护端（GUARD 端）的交流电势接近。电容 C_1 在测试频率下等效为短路，为了在交流条件下等效为开路，要求 L_1 和 L_2 的交流阻抗足够高；桥模块的直流阻抗较低，在传导所需发射极电流的同时，不影响其测量精度。C_{iss}、C_{oss}、C_{rss} 电容曲线实测图如图 5-10 所示。

3．开关特性测试技术

功率器件的开关参数表征了其工作频率及动态功耗，直接影响器件开关过程中的可靠性。开关损耗直接决定器件的最大工作频率，当器件的最大工

作频率超过开关时间时，器件会吸收开关过程中的热量，使得器件本身过热
并可能发生烧毁。按照 MOSFET、IGBT 器件所应用电路负载的不同，开关
可分为阻性负载开关和感性负载开关，具体参数如下。

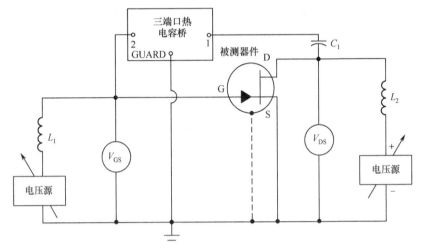

图 5-9　晶体管的小信号、共源极、短路时的反向传输电容测试电路示意

资料来源：MIL-STD-750E METHOD 3433 FIGURE 3433-1。

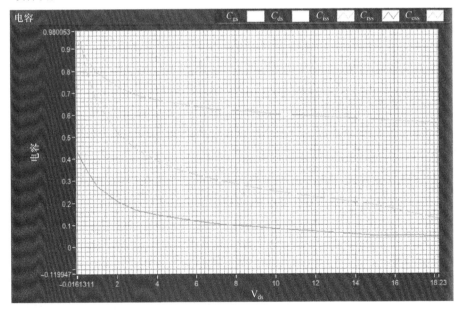

图 5-10　C_{iss}、C_{oss}、C_{rss} 电容曲线实测图

设备：美国 ITC57300。

（1）$t_{d(on)}$：导通延迟时间（Turn on Delay Time）。

（2）t_r：上升时间（Rise Time）。

（3）$t_{d(off)}$：截止延迟时间（Turn-off Delay Time）。

（4）t_f：下降时间（Fall Time）。

（5）E_{on}：器件导通时的能量损耗（Turn-on Switching Loss）。

（6）E_{off}：器件关断时的能量损耗（Turn-off Switching Loss）。

（7）T_t：拖尾时间（Tail Current Time），仅适用于双极型功率器件，如IGBT。

如图 5-11 所示为 MOSFET 开关时间的定义，因为 MOSFET 为单极型器件，故在栅极电压 V_{GS} 和漏极电压 V_{DS} 波形中，以 10%和 90%的电压为标准取点来定义开关时间。

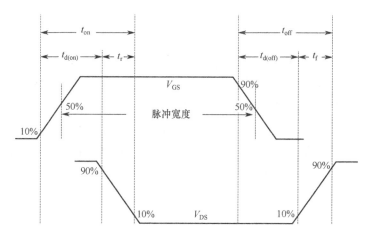

图 5-11　MOSFET 开关时间的定义

资料来源：MIL-STD-750E METHOD 3472.2 FIGURE 3472-2。

对于双极型器件，如 IGBT，其开关时间的定义则是在栅极电压 V_{GE} 与电流 I_{CE} 波形中，分别以 10%和 90%的电压、电流为标准取点来定义开关时间，如图 5-12 所示。

相应的开启损耗定义为 $E_{on} = \int_{t_1}^{t_2} v_{ce} \cdot i_{ce} \mathrm{d}t$，关断损耗定义为 $E_{off} = \int_{t_3}^{t_4} v_{ce} \cdot i_{ce} \mathrm{d}t$。

在现有功率器件的产品手册中，MOSFET 器件的开关测试多以阻性负载为主，IGBT 器件的开关测试多以感性负载为主；故阻性负载开关以 MOSFET 为例，感性负载开关以 IGBT 为例，分别介绍测试方法。

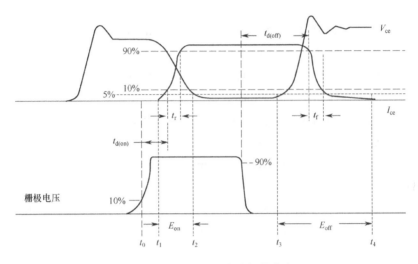

图 5-12　IGBT 开关时间的定义

资料来源：MIL-STD-750E METHOD 3477.1 FIGURE 3477-2。

1）阻性负载开关

按照 MIL-STD-750E METHOD 3472.2，阻性负载开关的时间测试电路示意如图 5-13 所示，R_L 为主要的负载电阻，L_{DST} 为寄生电感，总的电感值不超过 100nH；寄生电容 C_{DST}、C_{GST} 不超过 100pF。随着栅极施加开启、关断信号，V_{DS} 电压做出响应，完成开关过程。因为 MOSFET 存在体二极管，故电路中没有另加续流二极管。

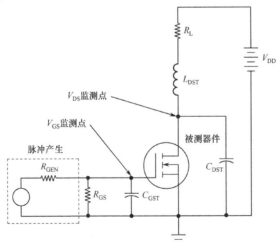

图 5-13　阻性负载开关的时间测试电路示意

资料来源：MIL-STD-750E METHOD 3472.2 FIGURE 3472-1。

2）感性负载开关

感性负载在开关过程中，电感上的电流不能突变，特别是在器件关断时，需要给负载电感上的电流提供电流泄放回路，就需要在电感两端反并联续流二极管，同时也起到电压钳位的作用。根据钳位二极管的类型，测试电路可分为二极管钳位型测试电路和齐纳二极管钳位型测试电路，具体示意如图 5-14 所示。感性负载开关电路在关断时，会在器件两端产生正向的电压过冲，要保证电压过冲不超过器件的耐压值；同时，因为续流二极管的存在，在开启时，流过器件的电流产生正向电流过冲。感性负载开关时间实测波形和能量损耗实测响应曲线分别如图 5-15 和图 5-16 所示。

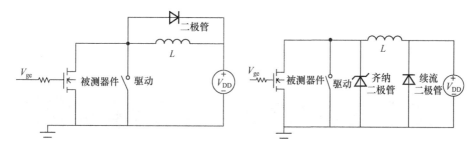

图 5-14　二极管钳位型测试电路和齐纳二极管钳位型测试电路示意

资料来源：Khanna V. InsulATEd GATE Bipolar Transistor IGBT Theory and Design[M]. Wiley-IEEE Press, 2003: 55-76。

4．反向恢复时间测试技术

反向恢复时间是衡量肖特基势垒功率二极管、快恢复二极管或功率MOSFET、IGBT 的器件开关特性、功率损耗的关键参数。在电力电子电路中，功率半导体器件经常会和感性负载一起被使用，在关断的瞬间，电流将以恒定的 di/dt 斜率减小，由于器件内部存储电荷的作用，电路会出现一个大的峰值反向恢复电流，同时器件由正向低阻导通状态变成反偏模式，器件两端电压会快速增加到电源电压，此时器件内部同时出现的高压和大电流会产生大的瞬时功耗。因此，减小反向恢复电流的峰值及缩短反向恢复瞬态过程的持续时间，对提高器件性能、降低损耗尤为重要，而这个持续时间称为反向恢复时间。

器件反向恢复过程的参数如下。

（1）T_{rr}（Reverse Recovery Time）：反向恢复时间。

（2）Q_{rr}（Reverse Recovery Charge）：反向恢复电荷。

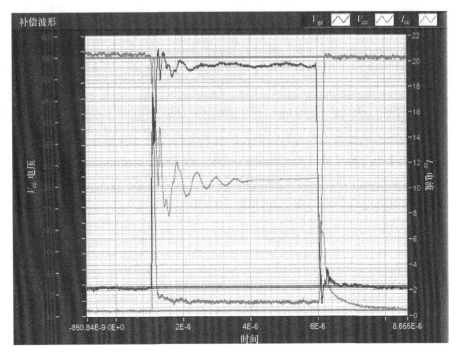

图 5-15　感性负载开关时间实测波形

设备：美国 ITC57300。

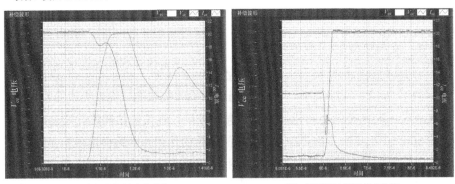

（a）开启能量损耗响应曲线　　　　　（b）关断能量损耗响应曲线

图 5-16　能量损耗实测响应曲线

设备：美国 ITC57300。

反向恢复测试按照 MIL-STD-750E METHOD 3473 标准，以功率 MOSFET 为例，需要将栅极和源极短接，测试环境温度为 25℃。反向恢复特性测试电路示意如图 5-17 所示。

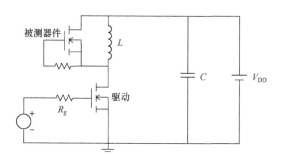

图 5-17 反向恢复特性测试电路示意

资料来源：MIL-STD-750E METHOD 3473.1 FIGURE 3473-1, 3473-4。

首先，驱动 MOSFET 开启，负载电感 L、驱动、V_{DD} 回路开始形成正向导通电流；其次，驱动 MOSFET 关断，在电感 L 的作用下，被测器件的体二极管导通，L、被测器件回路建立电流；最后，驱动 MOSFET 再次开启，DUT 的体二极管进入反向恢复阶段。

反向恢复波形与时间定义如图 5-18 所示。di/dt 常选定标准值 100A/μs，这样能在保证控制信号质量的同时，不会因更高的 di/dt 便反向峰值电流产生误差；正向导通电流 I_{FM} 为 25℃下的电流值；t_a、t_b 和 t_{rr} 的值需分别测定，同时满足 $t_{rr}=t_a+t_b$；在反向恢复 t_{rr} 期间存储的电荷总量为 Q_{rr}，称为反向恢复电荷。测试中要求反向恢复电流 I_{RM} 不能发生较大振荡，以保证 Q_{rr} 测试的精确性。根据不同的测试标准，图 5-18 中 Y_3 的抓点方式有两种：一种方式是反向恢复电流降到 25%时，直接抓取时间点；另一种方式是作一条反向电流峰值点与 25% I_{RM} 点的连线，抓取连线与时间轴的交点。

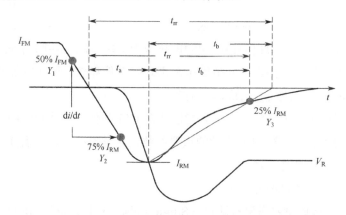

图 5-18 反向恢复波形与时间定义

资料来源：MIL-STD-750E METHOD 3473.1 FIGURE 3473-2。

反向恢复参数 T_{rr}、Q_{rr}、di/dt、I_{rm} 波形图如图 5-19 所示。

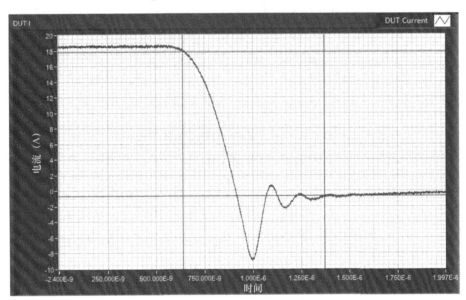

图 5-19　反向恢复参数 T_{rr}、Q_{rr}、di/dt、I_{rm} 波形图

设备：美国 ITC57300。

（三）功率半导体器件 UIS 雪崩耐量测试技术

功率器件在动态过程（如开启、关断、电流/电压突变等）中发生的失效，与在静态过程中的失效相比，失效率更高，失效机理也更加复杂。而非钳位感性开关过程（Unclamped Inductive Switching，UIS）通常被认为是功率 MOS 在系统应用中所能遭遇的最极端的电热应力情况。因为在回路导通时，存储在电感中的能量必须在关断瞬间全部由功率器件释放，同时施加于功率器件的高电压、大电流极易造成器件失效。

雪崩耐量（也称雪崩能量）指器件在 UIS 条件下所能承受的能量，是用来表征功率晶体管抗 UIS 失效的重要参数，通常情况下，雪崩能量越高的器件抗 UIS 失效的能力越强。

具体的参数可细分如下。

E_{AS}：单脉冲雪崩耐量测试（Single-Pulse Avalanche Energy），表示器件受到大于额定 V_{DS} 值后，在发生雪崩击穿而流过大电流期间所能承受的最大能量。

E_{AR}：重复脉冲雪崩耐量（Repetitive Avalanche Energy）。由于在实际应用中，负载电感较大，同时器件频繁开关，易造成热量积累，结温上升，最终导致器件发生热击穿，这种情况在单脉冲 UIS 测试时是没有办法检测的，只有用重复脉冲 UIS 测试时，才能进行筛选。一般认为，如果器件能够承受 100k 次重复脉冲 UIS 冲击而不发生失效，其 UIS 能力才是合格的。

功率器件如二极管、MOSFET 和 IGBT 均可以用 UIS 测试表征可靠性。但 UIS 测试通常被认为是功率 MOS 在系统应用中所能遭遇的最极端电热应力情况，故以 MOSFET 为例说明 UIS 测试方法。

日韩采用的 UIS 测试电路示意如图 5-20 所示。

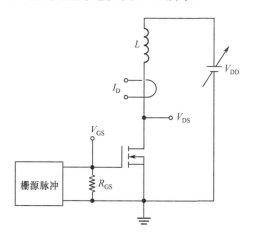

图 5-20　日韩采用的 UIS 测试电路示意

资料来源：MIL-STD-750E METHOD 3470.2 FIGURE 3470-1。

在器件关断后，电源电压仍然施加在器件两端，器件关断时两端的电压为 $V_{DD} + L \cdot \mathrm{d}i / \mathrm{d}t$，UIS 能量为 $E_{AS} = \dfrac{L \cdot I_{AS}^2}{2} \cdot \dfrac{V_{DS}}{V_{DS} - V_{DD}}$。

欧美采用的 UIS 测试电路示意如图 5-21 所示。在器件关断后，器件关断时两端的电源电压被快速开关断开，器件两端的电压为 $L \cdot \mathrm{d}i / \mathrm{d}t$，UIS 能量为 $E_{AS} = \dfrac{L \cdot I_{AS}^2}{2}$。

下面以欧美采用的测试电路为例来具体说明测试原理。开启阶段和关断阶段电流回路示意如图 5-22 所示。

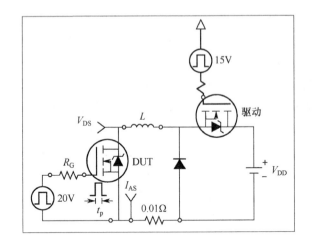

图 5-21　欧美采用的 UIS 测试电路示意

资料来源：Donoval D, Vrbicky A, Marek J, et al. Evaluation of the ruggedness of power DMOS transistor from electro-thermal simulation of UIS behaviour[J]. Solid State Electronics, 2008, 52(6):892-898。

在器件开启阶段：快速开关首先闭合，DUT 的栅极电压大于阈值电压后，器件导通。由于电感的存在，回路中的电流不能瞬变，V_{DD} 主要加在电感 L 上，此时，电感激磁，储存能量，如图 5-22（a）所示。

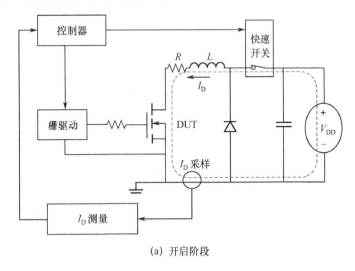

（a）开启阶段

图 5-22　开启阶段和关断阶段电流回路示意

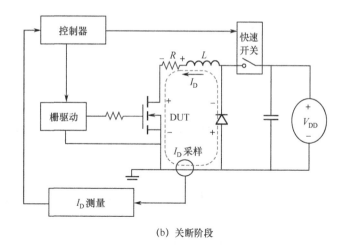

(b) 关断阶段

图 5-22　开启阶段和关断阶段电流回路示意（续）

资料来源：MIL-STD-750E METHOD 4064。

在器件关断阶段：当 I_D 达到设定值（图 5-23 中的 I_{PEAK}）时，开关断开、DUT 上的栅压撤去，由于 MOSFET 中有寄生电容（主要是 C_{DS}），L、R、DUT 及续流二极管将形成 RLC 谐振电路，L 中的能量转移到 DUT 的电容上，此能量即为雪崩耐量。该阶段如图 5-22（b）所示。下面以如图 5-23 所示的 UIS 过程中电流、电压波形为例，具体阐述计算过程。

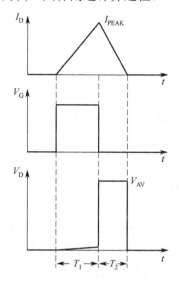

图 5-23　UIS 过程中电流、电压波形

资料来源：MIL-STD-750E METHOD 3470.2 FIGURE 3470-2。

在开启阶段（T_1 阶段），电流不能突变，随时间近似线性上升（可由 $V = L \cdot di / dt$ 解出），电感储能。由于该阶段 V_{DD} 所提供的电压主要在电感上，由此可计算出：

$$T_1 = \frac{L \cdot I_P}{V_{DD}}$$

在关断阶段（T_2 阶段），电感的电流降低，使 C_{DS} 上的电压上升，直到电感的电流为零，L 中存储的能量全部转换到 C_{DS} 中。理论上，电压 V_{DS} 满足 $C_{DS}V_{DS}^2 = LI^2$。

由于 MOSFET 的源漏区相当于一个反偏二极管，当 V_{DS} 增加到接近对应稳压管的钳位电压，也就是图 5-23 中的 V_{AV} 时，电压不会再继续上升，而是基本维持不变。此时，MOSFET 处于雪崩区。

同样，由电感上的电压与电流的关系可以算出：$T_2 = L \cdot I_P / V_{AV}$，根据 RLC 谐振电路的特性，可以计算出单次雪崩耐量：

$$E_{AS} = E = \frac{1}{2}L \cdot I_P^2$$

采用电感和电流来计算雪崩耐量，而不采用电容和电压来计算，一是由于器件中电容较复杂，二是由于 MOSFET 寄生电容两端的电压并不能上升到理论上的最大值。

（四）功率半导体器件热阻测试技术

热敏参数法和红外扫描法是测量半导体芯片热阻的常用方法。为保证测试的准确性，功率半导体器件热阻测试以热敏参数测试法为主。热敏参数必须选择与温度具有单值线性关系的变量，而且参数应稳定并易于测量。对于功率二极管、MOSFET、IGBT，通常选择体内寄生二极管的正向导通压降 V_F 作为热敏参数。

热阻测量步骤分两步：

（1）热敏参数的温度系数 K 的测试。

（2）热阻 R_{thjc} 和 R_{thja} 的测试。

根据 JEDEC51-1 ETM（Electrical Test Method）标准，结温 T_j 与热敏参数与温度系数 K 满足关系：$\Delta T_J = K \times \Delta TSP$，其中，$\Delta TSP$ 为热敏参数变化值（mV），K 为结温 T_J 与 TSP 关系之间的比例常数（℃/mV）。图 5-24 为二极管在小电流导通条件下，导通压降与温度之间的线性关系。

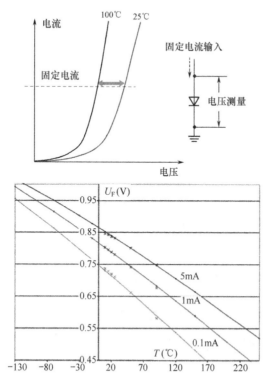

图 5-24　二极管在小电流导通条件下，导通压降与温度之间的线性关系

设备：美国 ANATEC Phase12。

在 JEDEC51-1 标准中，热阻 R_{th} 的测试方法有两种：静态（Static）法和动态（Dynamic）法，如图 5-25 所示。静态法，即通过连续的偏置给被测器件加热，同时通过温敏参数监测结温变化。动态法，即首先从温敏参数的测量条件转换到器件加热模式，持续一段时间后又转换到测量条件。

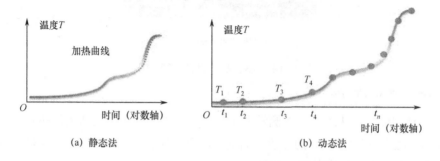

图 5-25　静态法和动态法温度上升曲线

设备：JEDEC51-1 ETM。

按散热条件划分，热阻可分为结到管壳的热阻 R_{thjc} 和结到环境的热阻 R_{thja}。R_{thjc} 又被称为"定常热阻"，以功率器件常用的 TO 系列封装为例，其测试装置如图 5-26 所示，温度传感器用来测量铜冷台中的部分（距离芯片最近的部位）温度，测试中要尽可能地抑制封装表面存在的温度偏差。

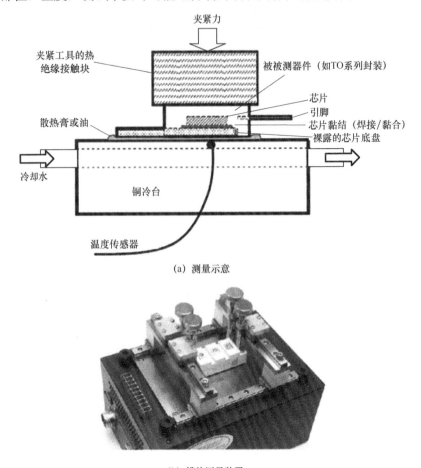

(a) 测量示意

(b) 模块测量装置

图 5-26　R_{thjc} 测量装置

设备：美国 ANATEC Phase12。

结到环境的热阻 R_{thja} 的测量方法与 R_{thjc} 的差别在于，其所处散热条件为空气，通常在室温 25℃的环境中测量，需要注意的是，必须在充分加热后及充分冷却后对热敏参数进行测量。

三、功率半导体器件测试发展趋势及路线图

功率半导体器件从低压到高压，从小电流到大电流，从普通家电到高铁、航空航天，涵盖范围非常广，要适应不同的电压、电流等级和不同的应用环境。

从测试设备的开发角度出发，应从设备硬件、控制软件两个方向发展。在设备硬件方面，既要满足封装企业大批量、连续性、稳定性的测试要求，也要满足面向高端应用、科研的小批量、高精度的要求。在控制软件方面，应具备简便、准确、安全、可靠的特性，无论是面向企业，还是面向高端应用，都应具备良好的数据处理能力、数据追溯能力、瞬态波形抓取能力，以实现测试可编程化和数据图形化、可视化。

从功率半导体器件测试内容的角度出发，在稳态直流参数测试上，应从中低压等级的塑封、金属封装产品测试，逐渐向高压大电流的模块封装测试发展；从民用市场等测试精度要求不高的领域，逐渐向工业、新能源、高铁、航天航空等高精度、高稳定性、高可靠性的领域发展；动态参数、雪崩耐量、热阻测试方面则相对更加复杂，主要表现在测试参数多、测试技术复杂度高、精度要求高，且关键、核心技术又基本被欧、美、日企业垄断。以热阻测试为例，既满足美军标 MIL-STD-750 标准，也符合 JEDEC51 标准，同时所生产的设备能进行精确测试分析的厂家全球只有两家，对应的产品系列分别是美国 Analysis Tech 公司生产的 Phase 系列和西门子 Mentor Graphics 公司生产的 T3Ster 系列。此外，在适用于高压大电流（电压最高至 6 500V、电流大于 1 000A）的高功率模块测试设备领域更是只有瑞士 LEMSYS、德国 SCHUSTER 等几家厂商，技术壁垒限制了动态参数测试设备的国产化。另外，国外动态参数测试设备已经由单台单项参数测试逐渐向高效集成化的方向发展，即一台设备通过更换测试夹具实现电荷、电容、开关等多参数测试。因此，我国在动态参数测试方面，更应紧跟国外的发展，由单台单项测试向集成化发展，由中低功率器件测试向高压、大功率模块封装测试发展，测试精度等级逐渐向国外先进水平靠拢，最终打破壁垒，设计、制造出符合中国市场需求的设备。表 5-7 给出了功率半导体器件测试路线图。

表 5-7　功率半导体器件测试路线图

		2020 年	2025 年	2030 年	2035 年
需求		低压至高压、小电流至大电流的不同范围电压电流产品的测试需求			
		塑封、金封、模块封装等不同封装型号的测试需求			
		民用、工业、能源、汽车、军用、航空航天等不同应用级别的测试需求			
目标	稳态测试	1. 低于 2 000V 中低压 Si 基二极管、MOSFET、IGBT 器件精确测试； 2. 低于 2 000V 级 SiC 功率器件精确测试	1. 2 000～4 000V 级 Si 基功率二极管及 IGBT 模块精确测试； 2. 2 000～4 000V 级 SiC 功率器件模块精确测试	1. 4 000～8 000V 级 Si 基功率二极管及 IGBT 模块精确测试； 2. 4 000～8 000V 级 SiC 功率器件模块精确测试	1. 8 000V 级以上 Si 基功率 IGBT 模块精确测试； 2. 8 000V 级以上 SiC 功率器件模块精确测试
	动态测试	1. 低于 2 000V 级中低压 Si 基二极管、MOSFET、IGBT 单管器件全动态参数精确测试； 2. 低于 2 000V 级 SiC 单管功率器件全动态参数精确测试	1. 中低压功率器件动态参数设备实现参数测试集成化； 2. 2 000～4 000V 级 Si 基功率二极管及 IGBT 模块全动态参数精确测试； 3. 2 000～4 000V 级 SiC 功率器件模块全动态参数测试	1. 4 000～8 000V 级 Si 基功率二极管及 IGBT 模块全动态参数精确测试； 2. 4 000～8 000V 级 SiC 功率器件模块全动态参数测试	1. 8 000V 级以上 IGBT 模块全动态参数精确测试； 2. 8 000V 级 SiC 功率器件模块全动态参数测试
电力电子测试技术发展重点及趋势		功率半导体器件开关特性动态参数测试技术研究			
		功率半导体器件栅电容、栅电荷动态参数测试技术			
		功率半导体器件雪崩耐量、IGBT 短路耐量测试技术			
		功率半导体器件热阻测试技术			
		模块封装高压大电流功率半导体器件的稳态、动态参数测试技术			
		宽禁带材料 SiC 功率半导体器件的稳态、动态参数、高温特性测试技术			
		单台设备单项参数测试向集成化测试发展，中低压向高压大电流模块封装测试发展			

第六章

市场发展格局

　　封装测试是集成电路产业链必不可少的环节。封装保护芯片免受物理、化学等环境因素造成的损伤，增强芯片的散热性能，以及将芯片的 I/O 端口连接到印制电路板、玻璃基板等，以实现电气连接，确保电路正常工作。测试主要对芯片、电路及老化后的电路产品的功能、性能进行测试，外观检测也归属其中。其目的是将有结构缺陷，以及功能、性能不符合要求的产品筛选出来。目前，大部分测试业务主要集中在封装企业中，通常统称为封装测试业。

　　近年来，在移动智能终端、物联网、汽车电子、可穿戴设备等市场需求的强劲驱动下，全球集成电路封装测试业发展取得了显著的成绩。目前，全球集成电路封装测试业主要集中在亚太地区，如中国大陆地区、中国台湾地区和韩国等。2017 年上半年，中国大陆地区集成电路封装测试业产值达 791 亿元，超过中国台湾地区的 498 亿元。未来，伴随中国大陆地区先进封装产能的持续增长，以及长电科技、天水华天、通富微电子股份有限公司（以下简称通富微电）等一线厂商营业收入维持两位数的高速增长，集成电路封装测试业有望成为我国从追赶欧美到与其并肩发展的领域之一。

一、全球封装测试业

（一）行业规模

2012—2017 年，全球集成电路封装测试业市场规模经历了较大幅度的波动。2012—2014 年，全球半导体产业从 2008 年金融危机后逐步回归增长，全球封装测试业呈现稳步增长的态势。据中国台湾拓璞产业研究院的统计，如图 6-1 所示，2012 年、2013 年和 2014 年的全球封装测试业销售额分别为474.0 亿美元、498.0 亿美元和 525.0 亿美元，分别同比增长了 4.2%、5.1% 和5.4%。2015 年以来，全球智能手机增速逐步放缓，导致全球半导体产业再次出现负增长，受此影响，2015 年全球封装测试业销售额较 2014 年下降了 3.1%，为 508.7 亿美元。2016 年，全球封装测试业销售额基本保持不变，2017 年全球封装测试业销售额出现小幅增长。从表 6-1 中可以看出，2012—2016 年，全球集成电路封装测试代工呈现平稳、较快增长的态势，整体封装测试业规模变化主要来源于 IDM 封装测试规模的波动。

表 6-1　2012—2016 年全球集成电路封装测试业市场结构

	2012 年	2013 年	2014 年	2015 年	2016 年
封装测试代工（亿美元）	245.3	250.8	266.8	283.1	295.3
IDM 封装测试（亿美元）	245.1	239.3	272.8	225.7	202.8

资料来源：Gartner，2016.12。

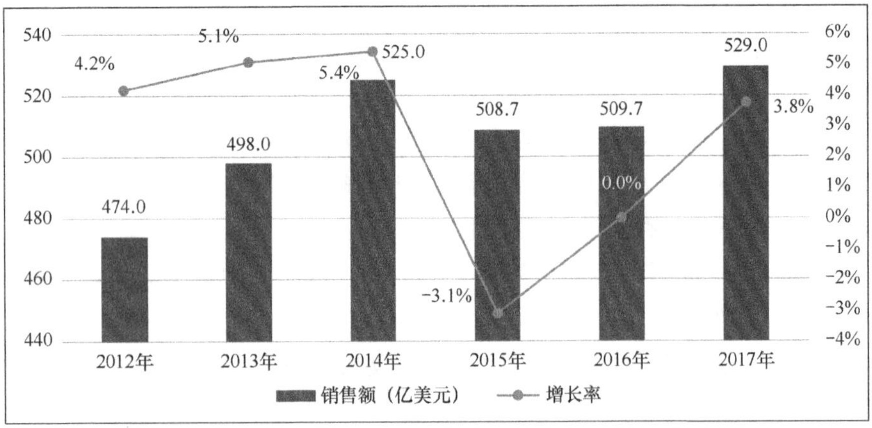

图 6-1　2012—2017 年全球半导体封装测试业销售额

资料来源：拓璞产业研究所，2017.12。

（二）产业布局

全球封装测试业的产能主要集中在亚太地区。其中，中国台湾地区是全球技术最先进的半导体封装测试产业基地，拥有日月光半导体制造股份有限公司（以下简称日月光）、矽品科技（苏州）有限公司（以下简称矽品）、京元电股份有限公司、力成科技股份有限公司（以下简称力成）等多家排名全球前十的封装测试厂商。2016 年，中国台湾地区封装测试业销售额达 153.7 亿美元（其中，测试业销售额达 46.4 亿美元），约占全球封装测试业市场份额的 30%。

从图 6-2 中可以看出，中国台湾封装测试业的发展对于全球产业的变化具有重要影响。近年来，国际半导体跨国公司持续调整业务布局，一方面，不断将封装测试业务从发达国家和地区向发展中国家和地区转移；另一方面，频频关停、转让下属封装测试企业。与此同时，产业整合速度加快，强强联合成为发展新态势。2017 年 11 月，全球最大的封装测试企业日月光收购矽品案通过了所有垄断审查并完成收购，进一步巩固了其产业龙头地位；全球第二大封装测试企业安靠科技完成了对第六大封装测试企业 J-Device 公司 100%股权的收购；中国大陆地区长电科技完成了对新加坡星科有限公司的整合，有望跃居全球第三。目前来看，全球封装测试行业集中度进一步提升，龙头优势更加突出，行业格局日渐明晰。

图 6-2　2012—2017 年中国台湾地区半导体封装测试业销售额

资料来源：拓璞产业研究所、中国台湾地区工研院、IEK 和 TSIA，2017.5。

（三）重点企业排名

2017 年，全球主要封装测试企业营业收入情况均较 2016 年好转。其中，日月光以 52.1 亿美元的销售额继续占据榜首，销售增长率为 6.4%；安靠科技以 40.6 亿美元的销售额排名第二，销售增长率为 4.3%；长电科技和星科金朋

（上海）有限公司（以下简称"星科金朋"）在 2016 年合并了财务报表，2017 年销售额达到 32.3 亿美元，已超过矽品。矽品、力成都扭转了 2015 年负增长的局面，2017 年销售额分别为 26.8 亿美元和 18.9 亿美元。2017 年全球封装测试代工市场主要厂商排名如表 6-2 所示。

表 6-2　2017 年全球封装测试代工市场主要厂商排名

排　名	厂　商	总部所在地	2017 年营业收入（亿美元）	增 长 率（%）
1	日月光	中国台湾	52.1	6.4
2	安靠科技	美国	40.6	4.3
3	长电科技	中国大陆	32.3	12.5
4	矽品	中国台湾	26.8	2.2
5	力成	中国台湾	18.9	26.3

资料来源：拓璞产业研究院，2017.12。

二、我国封装测试业

（一）行业规模

封装测试业是我国集成电路产业中起步最早的领域，多年来一直是产业链中销售额占比最高的环节，也是支撑我国集成电路产业平稳、快速发展的关键一环。当前，我国集成电路封装测试业正进入重大调整期。一方面，国内外集成电路封装测试市场快速发展，为国内封装测试企业提供了前所未有的发展机遇，国内封装测试骨干企业的迅速崛起，改变了以往国内封装测试业外资企业独大的格局；另一方面，随着世界封装技术由传统封装形式向先进的多维度、高密度封装形式转变，封装测试的技术竞争进一步加剧。近年来，在移动智能终端市场需求强劲的驱动下，我国封装测试业发展取得了显著的成绩，产业规模由 2013 年的 1 000.1 亿元提升至 2015 年的 1 327.8 亿元，再到 2017 年的 1 816.6 亿元（见表 6-3）；涌现出一批优秀的骨干企业，通过技术创新、兼并重组及国际合作等方式提升了我国的技术和产业实力。

表 6-3　2013—2017 年我国集成电路封装测试业销售额

	2013 年	2014 年	2015 年	2016 年	2017 年
销售额（亿元）	1 000.1	1 238.5	1 327.8	1 523.2	1 816.6
增长率（%）	24.1	23.8	7.2	14.7	19.3

资料来源：中国半导体行业协会，赛迪智库整理，2018.3。

（二）产业布局

从地域分布上看，我国封装测试业主要集中在长三角、京津环渤海湾、珠三角、西部地区。其中，长三角地区约占 57%，京津环渤海湾地区约占 15%，珠三角地区约占 12%，西部地区约占 10%（见图 6-3）。

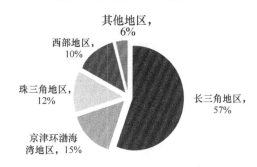

图 6-3 我国封装测试企业的区域分布

资料来源：中国半导体行业协会，2017.1。

从产业结构看，2011 年以后，由于集成电路设计业的迅速发展，封装测试环节在我国集成电路全行业中的占比以每年约 3 个百分点的速度逐年趋弱，2016 年封装测试业占比约为 36.1%（见图 6-4）。

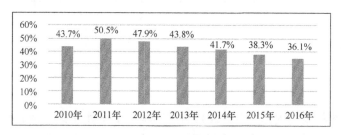

图 6-4 2010—2016 年我国封装测试业在全行业占比

资料来源：拓璞产业研究所，2017.2。

（三）重点企业排名

据统计，目前我国共有 89 家规模以上集成电路封装测试企业，其中，内资企业占比为 32.6%，外资及合资企业占比为 67.4%。长电科技、南通富士通、华天科技三家内资封装测试企业在生产规模、技术创新能力、客户服务能力甚至在资金实力等方面，都与业内领先外资、合资企业一并位于我国封装测试业的第一梯队。第二梯队则是一些具有一定技术创新能力且发展快速的中等规模企业，该类企业专注于技术应用和工艺创新，主要优势在于低成本和高性价比产品的生产。第三梯队是规模较小的中小型企业，这些企业往往专注于开发和生产特殊的封装产品，形成多品种、小批量的经营特色。这类企业以满足客户服务为主，营业收入规模不大。国内三个梯队封装测试企业比较如表6-4所示。

表6-4　国内三个梯队封装测试企业比较

企业类型	主要特征	主要优势	典型企业
第一梯队（技术创新型企业）	规模大，综合实力强，引领行业技术和产品创新，目前以 BGA、CSP、WLCSP、Flip-chip、Bumping 等封装形式为主，但仍有 QFP 和 QFN 等封装产品	技术领先，产能规模大，市场占有率高，综合实力强	日月光（上海）英特尔（成都）飞思卡尔（中国）长电科技 通富微电 华天科技等
第二梯队（封装技术应用型企业）	规模中等，具备一定的技术实力，专注于技术应用和工艺创新，以 DIP、SOP、QFP、QFN 和 DFN 等系列产品为主，正在逐步向先进封装的 BGA、CSP、Flip-chip 和 MEMS 型功率器件封装形式过渡	适合于新技术的推广应用和工艺技术研发创新	以华润安盛科技为代表的中等规模企业
第三梯队（封装服务型企业）	规模小，技术和经营管理一般，主要为小批量生产，目前仍以 TO、DIP、SOP 等传统封装形式为主	可以满足客户的特殊要求，适合于多品种、小批量生产	一般的中小型企业

资料来源：集微网，2016.3。

经过两年来的国际并购，2017年长电科技、天水华天、南通富士通等国内骨干封装测试企业基本完成了后期的消化工作，三家企业的销售情况也进一步向好，尤其是长电科技在与星科金朋合并（合并后为"江苏新潮科技集团有限公司"）财务报表后，2017年销售额已达242.6亿美元（见表6-5），同比增长25.7%，实现翻番。

表6-5　2017年我国主要半导体封装测试企业排名

排　名	企业名称	2017年销售额（亿元）
1	江苏新潮科技集团有限公司	242.6
2	南通华达微电子集团有限公司	198.8

（续表）

排　名	企业名称	2017 年销售额（亿元）
3	天水华天电子集团	90.0
4	威讯联合半导体（北京）有限公司	78.9
5	恩智浦半导体	64.5
6	英特尔产品（成都）有限公司	40.0
7	安靠封装测试（上海）有限公司	39.5
8	海太半导体（无锡）有限公司	35.0
9	上海凯虹科技有限公司	30.0
10	晟碟半导体（上海）有限公司	29.4
	合计	697.7

数据来源：中国半导体行业协会，2018.3。